Sé fuerte

Sé fuerte

365 días al año

Demi Lovato

Feiwel and Friends
NEW YORK

A FEIWEL AND FRIENDS BOOK
An Imprint of Macmillan

Feiwel and Friends books may be purchased for business or promotional use.
For information on bulk purchases, please contact the Macmillan Corporate and Premium
Sales Department at (800) 221-7945 x5442 or by e-mail at specialmarkets@macmillan.com.

Library of Congress Cataloging-in-Publication Data Available

ISBN: 978-1-250-05252-0 (hardcover) / 978-1-250-05323-7 (ebook)

Spanish translation by Teresa Mlawer and Alberto Jiménez Rioja

Book design by April Ward

Feiwel and Friends logo designed by Filomena Tuosto

First Edition: 2013

2 4 6 8 10 9 7 5 3 1

Para mis fans.

Una introducción de

KATIE COURIC

Conocí a Demi desayunando en el Hotel London el verano de 2012. Su carrera estaba en pleno apogeo. Había tenido un gran éxito con "Skyscraper", y "Give Your Heart a Break" escalaba puestos en las listas de los más vendidos (terminaría por llegar al número 1) y estaba próxima a ser nombrada jurado de *The X Factor* junto a Simon Cowell y Britney Spears.

Para una chica que acababa de cumplir los veinte años y cuyo nombre era sinónimo de reina adolescente de Disney, parecía madura para su edad. Pero se encontró con unos cuantos tropiezos en el camino hacia el éxito. Demi compartió conmigo sus luchas personales, incluso sus batallas contra la anorexia y la bulimia, el acoso escolar, las autolesiones y el trastorno bipolar, y el hecho de que estos retos casi estuvieron a punto de acabar con su carrera.

Como madre de dos hijas que soy, me sentí inmensamente

agradecida de que Demi se valiera de sus dolorosas experiencias para hablar con franqueza a las jóvenes y les hiciera saber que la fama no es un escudo de protección contra la inseguridad y las dudas respecto de uno mismo. Al descorrer el luminoso telón de la celebridad y mostrar su lado duramente humano, sé que Demi ha logrado que un sinfín de mujeres jóvenes, con problemas parecidos, se sientan mucho menos solas.

No mucho después de nuestro primer encuentro, recibí a Demi en el estudio de mi programa matutino de televisión. No es de extrañar, fue carismática y generosa durante la entrevista. Su disposición a hablar tan abiertamente en un foro público me inspiró a compartir mi propia experiencia de un trastorno alimenticio que sufrí en mi juventud, algo de lo que nunca había hablado antes. La sinceridad de Demi me dio la fuerza que necesitaba para hablar con sinceridad acerca de mi propio pasado.

Demi tiene una relación única con sus fans. Ellos la quieren y ella recíproca ese cariño. Nos ha enseñado a todos que necesitamos dar una pausa a nuestros corazones cuando estamos abajo, al igual que debemos tomarnos el tiempo necesario para disfrutar de la vista, cuando llegamos a lo más alto.

Ya tengas 16 años o, como en mi caso, 56, estoy segura de que aprenderás del viaje de Demi, de sus consejos para la vida y que terminarás queriéndola más aún.

Sé fuerte

Querido lector:

He pasado por toda clase de experiencias en mi vida y he tenido que enfrentarme a serios problemas, desde la adicción hasta la depresión, a la vez que trataba de buscar la felicidad y de encontrarme a mí misma. Siempre habrá dificultades, derrotas y victorias y todos los puntos intermedios; pero a veces unas pequeñas palabras pueden hacer una gran diferencia, pueden consolar y pueden inspirar.

Cada día medito y rezo, y me comunico con el poder superior que llevo dentro. No importa cual sea tu edad, tu procedencia, tu raza o tu religión, es vital que cuentes con ese poder superior, algo más grande que tú, al que acudir en busca de consuelo. Para mí es Dios, pero puede ser el universo, el karma, cualquier cosa en la que creas. Aunque algunos días son una verdadera lucha, es importante contar con algo que nos motive y nos dé fuerzas, que nos ayude a mantener una actitud positiva y a seguir adelante.

Este libro es una recopilación de mis propias palabras, de citas que me inspiran, así como de enseñanzas, meditaciones, reflexiones y metas para cada día. A mí me han ayudado mucho, y es un regalo especial y personal que quiero compartir con ustedes.

Donde quiera que te encuentres en la vida, por favor lee esto y piensa que siempre estaré aquí, a tu lado. Sé fuerte, sé valiente, ama mucho y con sinceridad, y no tendrás nada que perder.

Con todo mi cariño,

Demi

Enero

Eres hermosa y maravillosamente hecha.

Hace un tiempo decidí que necesitaba un mantra propio. Algo personal y significativo que pudiera repetirme para darme consuelo y amor, para arraigarme en el momento presente. La Biblia dice: "eres temerosa y maravillosamente creada", y a mí se me ocurrió "eres hermosa y maravillosamente hecha". Me lo digo todo el tiempo, y realmente me ayuda a encontrar la paz el saber que soy perfecta tal como soy y que no necesito otra cosa que lo que tengo dentro de mí.

Meta: En este nuevo año, piensa en un mantra que sea solo tuyo. Mírate en el espejo y repítetelo cada día.

El destino no es nunca un lugar,
sino una nueva forma de ver las cosas.

——HENRY MILLER

He sido muy afortunada de poder viajar tanto durante estos últimos años. Una de las cosas más importantes que he aprendido de estos viajes ha sido comprobar cuánto de lo que tenemos lo damos por hecho. He visto barrios donde la gente va descalza y sin abrigo en lo más crudo del invierno. He estado en lugares donde la gente hace trabajos duros que requieren gran esfuerzo físico y apenas ganan dinero para vivir. He aprendido a valorar a cada persona de este planeta, y a no dar por hecho mi trabajo.

Meta: Mira a tu alrededor. Toma un día o una semana para conocer algún lugar nuevo del mundo. Si no puedes tomar tiempo libre de tu trabajo, visita algún barrio que no conozcas de tu ciudad. Sé agradecida por todo lo que tienes.

La vida tiene un propósito. Comparte tu historia y puede que ayudes a otra persona a encontrar la suya.

La razón por la que decidí ser sincera acerca de mis problemas personales es porque aún es tabú hablar de las dificultades a las que he tenido que enfrentarme. Autolesiones, adicciones, trastornos alimenticios y de estado de ánimo son temas a los que cuesta abrirse. Sin embargo, es muy importante que alguien empiece a hablar de ellos a fin de que quienes los padecen, sepan que pueden contar con ayuda. Es mi deseo ser un faro de esperanza para esa niña que no tiene ninguna.

Meta: Defiende a quienes no pueden hacerlo todavía. Dales apoyo y fuerza.

En ocasiones la vida puede ser muy difícil,
pero enfrentarse al dolor vale la pena.
Es mejor sentir diferentes emociones
a no sentir ninguna en absoluto.

Durante el funeral de mi papá, y cuando atravesaba un torbellino de emociones, me recordé de esta cita que me ayudó a sobrellevar esta experiencia. En el pasado hubiera bebido, me hubiera encerrado en mí misma o hubiera buscado cualquier forma posible para no sentir el dolor. A menudo la gente trata de olvidar las penas con sustancias, pero se necesita más coraje para atravesar el fuego con los pies descalzos. En vez de mitigar el dolor consumiendo drogas o alcohol, me dejé invadir por todas las emociones. Fue una época muy difícil de mi vida, pero no cerrarme al dolor, a la desesperación, me ayudó a despejar el camino para celebrar su vida y me permitió comenzar a curarme de una forma saludable y verdadera.

Meta: Permítete experimentar eso que intentas alejar de ti. Llama a una persona amiga y comparte tus sentimientos con ella.

En este mundo hay muchas almas bellas
y con talento. No dejes que algo se
interponga en el camino de tu potencial.

Me he encontrado con tantas personas en la vida que me han dicho que yo no era capaz de hacer algo de provecho. Esas personas simplemente te retan y te ponen a prueba; no debes permitir que sus comentarios te hundan. Los verdaderos amigos te ayudarán a levantarte y creerán en ti. No permitas que nadie te diga que no puedes hacer realidad tus sueños, porque si no crees en ti misma, nadie lo hará.

Meta: Piensa en algo que no te hayas atrevido a hacer y empieza a hacerlo hoy mismo. Sé valiente.

Enfréntate a tu más profundo miedo;
después, el miedo no tiene poder.

—JIM MORRISON

Cuando era pequeña, me causaba pánico la idea de vomitar y terminé siendo bulímica. Inconscientemente estaba dando rienda suelta a mi peor temor. Odiaba tanto vomitar que al final terminó controlándome a mí.

Meta: Asegúrate de que no das entrada a tus propios miedos sino que los dejas ir. Recuerda que hay un propósito para cada reto y para cada oportunidad en tu vida.

Cambia tus pensamientos, cambia tu vida.

—LAO TSÉ

Mientras luchaba contra la depresión, recuerdo haber escuchado esta frase que al principio no comprendí. Cuando decidí ponerla en práctica se me abrió un mundo nuevo. Cambia los pensamientos negativos de auto aborrecimiento por pensamientos positivos de autoafirmación. Cuando te ves a ti misma y a todo lo que te rodea de forma positiva, empiezas a contemplar el mundo bajo una luz diferente. Tu vida es lo que *tú* haces de ella.

Meta: Sé consciente del matiz de tus pensamientos.

8 de enero

Todo lo que necesitas es amor.

—THE BEATLES, "ALL YOU NEED IS LOVE"

Esta simple letra encierra mucha verdad. El amor, más que ninguna otra cosa, hace que todo se resuelva. Muchas veces me he sentido perdida y sin esperanza, pero cada vez que pienso en el amor que guardo en mi corazón por mis amigos, mi familia y mi propia vida, me siento en paz.

Meta: Que todos los que amas lo sepan. Grítalo a los cuatro vientos, hornéales un pastel, escríbeles una carta o hazles un dibujo. No dejes que den por hecho tu amor, cuando tienes tanto que dar.

Ve donde te quieran y aléjate de donde
no te quieran. Rodéate de personas
y ambientes positivos.

No pierdas el tiempo con personas que ni te aprecian ni te valoran. Conozco a muchas jóvenes que mantienen una relación con chicos pensando que pueden cambiarlos, o con amigos que no son lo mejor para ellas, pero esto no es un buen camino a seguir. Una de las claves para mantener una relación romántica o de amistad, es el respeto mutuo.

Meta: No desperdicies tu tiempo con alguien que te ha dicho que no te quiere a su lado. Examina tus relaciones y elimina las que son negativas.

No anules tus sentimientos, respétalos.

Yo solía huir de mis sentimientos, especialmente cuando algo me molestaba, me dolía o me hacía sentir incómoda. Con el tiempo aprendí a aceptarlos. Ahora sé que primero debo reconocer y aceptar mis sentimientos. Son parte de mí y, por lo tanto, son hermosos y válidos.

Meta: Elige un sentimiento que te produzca miedo o vergüenza. Puedes sentir miedo, resentimiento o tristeza, siempre y cuando no dejes que ese sentimiento sea lo que te defina. Acepta tus emociones y recuerda que todas son valiosas.

11 de enero

Tienes pies en tu calzado y cerebro
en tu cabeza. Podrás llegar con certeza,
a cualquier lugar soñado.

—DR. SEUSS

Esta es tu vida. Tienes dentro de ti todo lo que necesitas para vivirla como siempre has soñado. Utiliza todo lo que has aprendido y experimentado y crea tu propia realidad. Lo bonito de la vida es que si no te gusta donde estás, siempre hay un nuevo momento, un nuevo día para empezar otra vez.

Meta: Infórmate bien antes de tomar decisiones. Las que tomes hoy, marcarán tu futuro.

Un sueño es un deseo del corazón.

—*Cenicienta*

Tan sencillo como parece, es uno de los mensajes más profundos que los cuentos de hadas de Disney nos ha dado. Podemos crecer y convertirnos en quien queramos o lograr nuestro objetivo. Si tienes una meta y tratas de alcanzarla con todo tu corazón, cualquier cosa es posible.

Meta: Pide un deseo con todo corazón; persigue cada uno de tus sueños. Solo tú puedes lograrlos, nadie puede hacerlo por ti.

13 de enero

Conviértete en tu mejor amiga.

A través de los años he tenido que aprender a ser mi mejor amiga. Hubo muchas noches en las que me quedé dormida llorando, sola, triste, inmersa en mis penas. Con el tiempo descubrí que tenía que aprender a consolarme yo misma, a vencer el dolor. Es un proceso que todavía estoy aprendiendo, pero cada día lo logro más. Puedo decir sinceramente que ahora soy mi mejor amiga.

Meta: Trátate como tratarías a tu mejor amiga. Te mereces el mismo cariño que das a otros.

14 de enero

No importa qué nace una persona, sino en qué se convierte.

—J. K. ROWLING

Todos y cada uno de nosotros comenzamos nuestra historia de modo diferente. Nuestras vidas empiezan en distintos lugares, pero cuando ponemos nuestros corazones y nuestras mentes en lo que nos apasiona, no hay nada que nos detenga. La recompensa y el éxito se miden por lo mucho que lo intentas y lo mucho que recibes.

Meta: Siéntete orgullosa de quién eres y de dónde vienes. Pon todo tu anhelo hacia dónde quieres llegar y lo que quieres ser.

15 de enero

Mi madre siempre me decía que si no puedes encontrar una razón para vivir, más te vale encontrarla para morir.

—TUPAC

Cada uno de nosotros tiene un propósito en esta hermosa Tierra. Lo que decidimos hacer con nuestra vida y cómo hacerlo depende de nosotros. Lo más importante es tener un objetivo, algo en lo que creer, que ilumine y te conecte con el propósito de tu vida.

Meta: Encuentra algo en la vida que te haga levantar todas las mañanas y continúa haciéndolo. Lucha por las cosas en las que crees.

Si te duelen los pies, ponte en los zapatos de otro.

Es muy fácil quedarte encerrada en tu propio mundo y dejar que tus problemas te consuman. Por lo general, no te das cuenta porque estás muy metida en ello; el peligro es que puedes perder el contacto con la realidad. No ignores tus sentimientos o penas, y recuerda que siempre hay alguien que está peor que tú.

Meta: Adquiere un poco de perspectiva haciendo trabajos comunitarios u obras de caridad. Haz una lista con 10 o 15 cosas o personas a las que estás agradecida aunque sea por algo muy sencillo.

17 de enero

Recuerda, nadie puede hacerte sentir inferior sin tu consentimiento.

—ELEANOR ROOSEVELT

Hay gente en esta vida que se aprovechará de ti y afirmará saber cómo eres. De ti depende si debes tomar en cuenta o no esa afirmación. Desde el momento que dejas que otros tomen decisiones por ti, renuncias a tu dignidad. Pero siempre puedes recuperarla si decides conectarte con tu poder superior.

Meta: No dejes que nadie se aproveche de ti o te manipule. Recuerda que te mereces la vida y el amor que deseas.

Creo firmemente en que todo sucede por alguna razón.

No creo en las coincidencias. Creo que las cosas suceden como deben suceder. Cuando realmente examinas y evalúas las experiencias que has tenido, ves que muchas son el resultado directo de tus acciones y de tus pensamientos.

Meta: No luches o trates de escapar de un acontecimiento inesperado. Con el tiempo, y a su manera, puede que tu vida mejore de alguna forma.

19 de enero

La forma más común de que
las personas renuncien a su poder
es pensar que no tienen ninguno.

—ALICE WALKER

Cuando permites que la gente te destruya, que te diga que no tienes nada que ofrecer, básicamente te rindes, le das permiso para meterse en tu vida. Nadie tiene derecho a quitarte tu poder: es tuyo y solo tuyo.

Meta: Alza tu voz. Grita en lo que crees con todas tus fuerzas. No permitas que nadie te acalle.

20 de enero

Solo tú sabes lo que es bueno para ti, así que escucha a tu instinto.

Escucha esa vocecita interior, como la de un padre amoroso o la de un buen amigo. Esa es la parte verdadera de tu alma, la clave de tu felicidad. A veces los pensamientos, los miedos o las voces de otras personas son tan fuertes que nos impiden oír nuestra propia voz. Haz lo que tengas que hacer para recuperar el contacto contigo misma.

Meta: En el día de hoy, haz lo que te dicte tu corazón.

21 de enero

La preocupación no elimina el dolor del mañana, sino que elimina la fuerza de hoy.

—CORRIE TEN BOOM

Me da la impresión de que a veces la gente piensa que el preocuparse es algo productivo. La preocupación absorbe toda la energía y el gozo de lo que haces. Preocuparse está en la naturaleza humana pero cuando lo hacemos constantemente, nos buscamos más problemas. Tal vez te mantiene ocupada, pero te aseguro que no conduce a ninguna parte.

Meta: La próxima vez que algo te preocupe, recuerda que no siempre está bajo tu control. En lugar de preocuparte, haz cosas prácticas, como preparar un presupuesto u organizar una agenda. Deja a un lado el estrés, porque no te ayudará a cambiar nada.

No te avergüences de lo que sientes.
Tienes derecho a sentir cualquier
emoción y hacer lo que te haga feliz.

No somos robots. Lo que nos hace excepcionales como seres humanos es que tenemos la capacidad de sentir muchas emociones a la vez. A pesar de que en ocasiones puede resultar abrumador, sigue siendo asombroso lo que nuestros cuerpos pueden hacer. A veces me he reído de llorar o he llorado de risa. De cualquier manera, las emociones no son una señal de debilidad, sino una señal de fortaleza y de pasión.

Meta: Ve una película que te haga reír o escucha una canción que te haga llorar. Acepta tus emociones y siéntete orgullosa de tus sentimientos.

23 de enero

La imperfección es belleza, la locura es genialidad y es mejor ser absolutamente ridículo que absolutamente aburrido.

—MARILYN MONROE

No supe que era bipolar hasta que comencé mi tratamiento. Fue entonces cuando me enteré de que el trastorno bipolar es una enfermedad mental. Como es algo que yo misma no puedo controlar, tuve que pedir ayuda, de lo cual no me avergüenzo. Todo el mundo lleva su carga, puede ser algo tan simple como el acné o algo tan serio como una enfermedad mental, pero cuando piensas que cada uno de nosotros tiene que librar sus propias batallas, descubres que debemos unirnos para ayudarnos.

Meta: No importa cuán pequeño sea un problema, sé atenta, busca apoyo para lo que tú o alguna amiga atraviesan. Consulta la página 399 para fuentes donde puedes acudir para pedir ayuda.

24 de enero

Nuestros secretos nos pueden enfermar.

—DESCONOCIDO

Nuestros secretos pueden ser muy tóxicos y ni siquiera nos damos cuenta. Tuve que aprender que guardarme las cosas era uno de los motivos por los que necesitaba alcohol u otras drogas, para esconderme de mí misma. Cuando empecé a expresarme abiertamente, comencé a curarme. El poder hablar y expresar cómo me siento, me ayudan a aliviar el gran peso que llevo encima.

Meta: Comparte algo que has estado ocultando con un amigo íntimo o con un miembro de tu familia. Verás que te sentirás mejor.

25 de enero

Esfuérzate no por tener éxito, sino más bien por ser valioso.

—ALBERT EINSTEIN

Es muy fácil aferrarse a la idea de conseguir el éxito, el dinero y la fama. Si ese es el reconocimiento que buscas en la vida, no te va a durar, porque no es algo real. Estamos aquí para servir, para ser valiosos y para ayudar a los demás de nuestra manera personal y única. El éxito no define quien tú eres; simplemente nos recuerda lo que podemos lograr.

Meta: Piensa en lo que te importa y asegúrate de que lo haces por las razones correctas y no para complacer a tu ego. Asegúrate de que tus intenciones son las mejores para ti.

Hazlo lo mejor que puedas, tómate un descanso y canta una canción.

—Blancanieves

Haz siempre lo mejor que puedas. Tómate el tiempo que necesites y encuentra algo que te proporcione alegría. Para mí es cantar. Cuando canto o toco música, siento un gran alivio interior. Si te apasionan los deportes, ¡sal a jugar! Si trabajas demasiado, prueba la meditación o el yoga. Lo importante es que nos cuidemos.

Meta: Canta hoy en voz alta. Diviértete o baila. Haz lo que te haga sentir bien. ¡Te lo mereces!

27 de enero

Aprende del pasado y comparte tu experiencia con otros. Disfruta del presente y mira hacia el futuro.

Hay una diferencia entre aferrarse al pasado o aprender de él. Lo hecho, hecho está, y es importante no quedarse atrapado, porque no puedes cambiar lo sucedido. Pero al mismo tiempo debes ser consciente del pasado para aprender de tus éxitos y de tus fracasos. Aunque el futuro nos ilusione, lo único que tenemos de momento es el presente, por lo que debemos cuidarlo y amarlo.

Meta: Haz un esfuerzo consciente por vivir el presente. Cuando te des cuenta de que te obsesionas con el pasado o con el futuro, recuerda que ahora estás exactamente donde tienes que estar.

28 de enero

Quiero llegar a envejecer sin cirugías plásticas. Quiero tener el valor de ser fiel a mi rostro.

—MARILYN MONROE

No siempre nos sentimos cómodos con nuestro cuerpo. Tenemos días en que nuestro cutis no se ve bien, tampoco nuestro cabello, nos sentimos gordas o ninguna ropa nos queda bien. Todo el mundo se siente así de vez en cuando. Necesitarás valor para amarte tal y como eres.

Meta: Descubre lo saludable que es no criticarse. Tu cuerpo es un regalo, por lo tanto debes sentirte agradecida y apreciarlo.

Las personas religiosas tienen miedo de ir al infierno, pero las personas espirituales son las que han estado en el infierno y no quieren volver.

—ANÓNIMO

Andar con cuidado, tratando de no ofender a nadie, es una pérdida de tiempo. Es fácil enrollarse de tal manera, al tratar de complacer a otros, que llegamos a olvidarnos de nosotros mismos. Ni vas a ser perfecta ni todos tienen que quererte. Es mucho más gratificante y útil limitarte a vivir tu vida y aprender de tus errores para no cometerlos de nuevo.

Meta: Sé la persona que eres y no permitas que nadie cambie tu carácter.

Puede que los palos y las piedras rompan sus huesos pero las palabras, los insultos, pueden inducirla al suicidio.

—ANÓNIMO

La gente dice que los palos y las piedras pueden quebrar los huesos, y que los insultos no hacen daño, pero nada está más lejos de la verdad. A veces las palabras ocasionan más daño que cualquier dolor físico. Todavía hoy me duelen las cosas tan horribles que me dijeron hace años. Recuerdo haberle dicho a mi mamá que hubiera preferido que me golpearan en lugar de escuchar esas palabras envenenadas que cambiaron mi vida para siempre.

Meta: Sal en defensa de alguien que está siendo acosado en la escuela o en el trabajo. Recuérdate a ti misma y a otros cuan poderosas pueden ser las palabras. Y cuando te dirijas a otros, elige bien las palabras.

31 de enero

Cada sueño comienza con un soñador.
Recuerda siempre que llevas en tu interior la
fuerza, la paciencia y la pasión para alcanzar
las estrellas, para cambiar el mundo.

——HARRIET TUBMAN

Todos tenemos que empezar por algún lugar y debemos recordar
que no tenemos un mapa para nuestro viaje. Los sueños y las
visiones evolucionarán y cambiarán al igual que tú.

Meta: Sé una soñadora valiente, el mundo es tuyo. Escribe
cinco o diez cosas importantes que quieras lograr el próximo
mes. Nunca dejes de intentar ser lo mejor que puedas.

Febrero

Cuando mostramos nuestro amor, el mundo extiende sus brazos hacia nosotros.

Cosechas lo que siembras. Si das energía positiva, recibirás lo mismo. Es increíble cómo el amor calma cualquier situación. Aun cuando otras personas se comportan de manera tóxica o dañina, cuando respondes con amor y compasión la transformación es asombrosa. Sea cual sea el resultado, podrás dormir por la noche sabiendo que has actuado correctamente, y eso es todo lo que puedes controlar.

Meta: Lleva tu corazón en la mano y deja que el mundo sepa cuánto amor hay en tu interior. Abraza y haz sonreír a muchas personas.

Si tu corazón está en tus sueños, ninguna petición es demasiado grande.

—*Pinocho*

Todo lo que importa es que busques y persigas lo que amas. Mientras que seas fiel a tus deseos más verdaderos, no habrá sueño demasiado grande. De hecho, cuanto más grande sea el sueño que te permitas, más alegría entrará a tu vida.

Meta: Deja que tus sueños sean grandes y encuentra la paz sabiendo que simplemente soñando con ellos, estás un paso más cerca de que se cumplan.

3 de febrero

Mi único consejo es que estés alerta, escuches
con atención y pidas ayuda si lo necesitas.

—JUDY BLUME

Sigue evolucionando, sigue creciendo, sigue fracasando, sigue
cometiendo errores, enamorándote, que tu corazón se haga
pedazos, crece con esa experiencia, repítela si es necesario. Todo
por lo que pasamos nos hace sentir más vivos, más vibrantes,
más jubilosos. No permitas que el miedo o la vergüenza te
derroten, sigue adelante, sigue viviendo.

Meta: Enfréntate hoy a uno de tus miedos. Piensa en algo
difícil que te ocurrió, en lo qué aprendiste de ello y cómo te hizo
más fuerte.

4 de febrero

Un problema no se resuelve sin buscar la solución. Mientras más pronto, mejor.

Trato de empezar cada día haciendo las cosas que más ansiedad me producen, porque me siento más fuerte y con más energía según transcurre el día. Cuando resolvemos nuestras preocupaciones o ansiedades, somos libres para dedicarnos a cosas mejores.

Meta: Resuelve todo lo que tengas pendiente, no importa lo que sea. Te garantizo que te quitarás un gran peso de encima.

5 de febrero

Aunque la noche traiga el llanto,
la mañana traerá la alegría.

—SALMO 30:5

A veces tenemos que llorar para dejar paso a la alegría más profunda. En tiempos difíciles, experimenta el sentimiento de tristeza. Deja que corran tus lágrimas sabiendo que pasarán y que algo maravilloso vendrá hacia ti.

Meta: Si te sientes triste, piensa que la alegría, sin duda, no tardará en llegar. Recuerda que siempre es oscuro antes del amanecer.

Pienso que las cicatrices son como las heridas de batallas, de alguna manera hermosas. Muestran lo que has pasado y lo fuerte que eres por haber salido de ello.

Una cicatriz es el símbolo de haber experimentado algo profundo. Algunos tenemos cicatrices físicas que podemos ver, y cuando nos fijamos en ellas nos recuerdan el duro viaje que hemos atravesado. Para muchos, las cicatrices son invisibles, metáforas de una batalla en la que luchamos y vencimos.

Meta: Reflexiona sobre tus cicatrices y cómo te ayudaron a mejorar tu vida.

7 de febrero

Cuando aprendes a comunicarte
con los demás, casi no existen problemas
que no se puedan resolver en conjunto.

Entre las personas siempre habrá discrepancias, porque no hay dos personas iguales. Cada uno de nosotros tiene su propia historia compleja, que muestra cómo nos vemos a nosotros mismos y al mundo que nos rodea. Solía sentirme abrumada y frustrada cuando sentía que no pensaba igual que otros, pero con el tiempo descubrí que lo vital para las relaciones humanas no es estar de acuerdo en todo, sino aprender a hablar de nuestras diferencias y aceptarlas.

Meta: Confronta amablemente a un amigo o compañero de trabajo si algo no te gusta. No ocultes algo que te moleste, habla con esa persona y entre las dos traten de encontrar una solución. Explícale cómo te sientes y cómo pueden arreglar la situación.

Solo quienes se arriesgan a ir demasiado lejos descubren lo lejos que se puede llegar.

—T. S. ELIOT

Aprendemos intentándolo, descubriendo sin miedo y con convicción. Es mejor intentarlo y fallar que imaginar lo que podría haber sido. Los "*y si…*" pueden resultar debilitantes.

Meta: No te frenes en lo que es importante para ti: mira cuánto puedes dar, qué tan lejos puedes llegar. Trata lo mejor que puedas para lograr la vida que deseas y que no tengas que lamentarte en el futuro. ¿Qué puedes hacer hoy para lograr la vida que deseas para el mañana?

9 de febrero

La mayor riqueza es la salud.

—POETA ROMANO

La buena salud es algo que no se puede comprar con todas las riquezas del mundo. Cuídate, bendice todo lo bueno que tienes. Da gracias de que hoy te despertaste, porque no todos los días están garantizados. Yo pasé tanto tiempo sin apreciar la salud que Dios me dio, que me olvidé de lo dichosa que soy de estar viva hoy. Nuestro cuerpo es nuestro templo. Trátalo como un santuario.

Meta: Haz algo bueno por tu cuerpo. Sal a correr, ve de excursión, toma una clase de yoga, pero lo más importante, agradece la vida que llevas hoy.

10 de febrero

No vayas por donde el camino te
lleve, ve por donde no hay sendero
y deja tu propio rastro.

—RALPH WALDO EMERSON

A veces es más fácil y más seguro seguir a los demás. Pero si no buscáramos nuevos horizontes ni nuevas ideas, no tendríamos ninguna de las maravillosas innovaciones que tenemos hoy. Si Thomas Edison no hubiese creído en la electricidad, no tendríamos luz. Si Rosa Parks no hubiese hecho lo que le dictó su conciencia, no hubiera inspirado a otros a hacer lo mismo. Podemos cambiar el mundo si rehusamos escuchar a esa voz que dice "no puedes" o "no debes".

Meta: Encamínate y abre tu propio sendero: sé innovadora. Piensa fuera del molde. Todo es posible.

11 de febrero

La emoción que te puede romper el corazón es a veces la misma que te puede curar.

—NICHOLAS SPARKS

A menudo, cuando sufro una pérdida o tengo una angustia, pierdo mucho tiempo buscando soluciones que ya tengo. Me dan un millón de opiniones sobre cómo hacer frente a algo o alguien, pero ignoro lo más obvio: eso mismo que me causa el dolor, tiene el poder de curarlo.

Meta: Recuerda que no siempre la solución es inmediata. Sé paciente y pide ayuda o consejo a alguna persona que tenga más experiencia que tú en la vida.

12 de febrero

Contempla al niño que todos llevamos dentro.

A veces, cuando estoy frustrada o enojada con alguien, recuerdo que esa persona una vez fue niño.

Cierro los ojos y me imagino cómo era esa persona de niño y cuando abro los ojos, todo lo que siento es amor y compasión. Sea cual sea la razón de su comportamiento, ya no importa: es su inocencia lo que prevalece y no puedo hacer otra cosa que mostrarme humilde en su presencia.

Meta: Aprecia el potencial para el bien que hay en todas las personas, y ten compasión con tus enemigos. Recuerda que nunca en realidad sabes lo que ocurre entre cuatro paredes. Por lo tanto, ten compasión por ellos, porque es muy posible que sufran.

13 de febrero

No esperes, nunca llegará el momento perfecto.

—NAPOLEÓN IIILL

A veces esperamos el momento perfecto para hacer algo. Pero me he dado cuenta de que lo único que logramos con esto, es retrasar nuestra felicidad. La mayoría de los grandes momentos de mi vida ocurrieron porque fui tras ellos. Ello no implica que a veces no ocurran cosas maravillosas como por arte de magia, sobre todo si te esfuerzas y eres optimista. Pero a veces en la vida hay que arriesgarse para salir adelante.

Meta: Da tu primer gran paso para llevar a cabo algo que has estado aplazando.

14 de febrero

Dondequiera que vayas,
deja que tu corazón te lleve.

—CONFUCIO

Si dejamos que nuestros corazones nos lleven, haremos elecciones sinceras y verdaderas que podremos defender. Estoy convencida de que lo que el mundo necesita es más gente que se deje guiar por su corazón y dé amor sin pedir nada a cambio. Si todos tomamos acción en las cosas que realmente nos importan, tenemos una mayor oportunidad de lograr nuestras metas.

Meta: Déjate llevar por tu intuición y recuerda que tu instinto no miente. Confía en tu alma y transmite amor a otras personas.

15 de febrero

No pedir ayuda no te hace valiente.

—STRAYLIGHT RUN, "SYMPATHY FOR THE MARTYR"

Cuando el estrés de contener emociones fuertes aumenta, puede causarte más daño de lo que te imaginas. No es fácil pedir ayuda, pero, por favor, encuentra la manera de hacerlo. Escribe una nota, llama a alguien, envía un SOS. La ayuda siempre está a la puerta, y las personas valientes son las que tienen el coraje de pedirla.

Meta: Sé valiente y dile a alguien que necesitas ayuda.

16 de febrero

Si tienes buenos pensamientos, brillarán
en tu rostro como los rayos del sol,
y siempre te verás encantadora.

—ROALD DAHL

Cuando controlas tu vida y tu felicidad, tu alegría es contagiosa.
Nada en este mundo hace que una persona se vea más hermosa
que cuando está radiante de felicidad. No sabes cuánto una
simple sonrisa o preguntarle a una amiga "¿cómo te sientes
hoy?" puede cambiar el día o incluso la vida de esa persona.

Meta: Sonríe y muéstrale al mundo lo hermosa que eres. Sé
consciente de los sentimientos de las personas que te rodean
y recuerda el impacto que puedes tener en ellas.

17 de febrero

Soy egoísta, impaciente y un poco insegura.
Cometo errores, me descontrolo y a veces no
hay quien me aguante. Pero si no eres capaz
de soportarme en mis peores momentos,
no te mereces los mejores.

—MARILYN MONROE

Cualquier persona que te ama y que te apoya, siempre estará a tu lado. La mejor manera de averiguar quiénes son tus verdaderos amigos es ver quién se queda a tu lado en momentos de crisis y sufrimiento. Si no pueden aceptarte cuando tienes problemas, entonces no merecen estar a tu lado en tus mejores momentos. Es muy importante tener esto en cuenta a la hora de decidir de quién debes rodearte.

Meta: Asegúrate de que eres la clase de amiga que te gustaría para ti. Agradece esas relaciones que prueban merecerte.

La seguridad en uno mismo
comienza con la belleza. La belleza
procede del confort interior.

He estado en fiestas donde he visto chicas preciosas, arrinconadas, con miedo a entablar conversaciones. Sé que se sienten inseguras, quizás piensan que no son lo suficientemente bonitas, o que no van vestidas a la moda, pero esa actitud disminuye su luz interior. Para mí nada tiene mayor atractivo que una persona que se siente segura de sí misma y cómoda con su aspecto físico.

Meta: Encuentra lo que te hace sentir cómoda y segura. Recuerda lo especial que eres y muéstralo con orgullo.

Los errores no son otra cosa que oportunidades de aprender, crecer y mejorar nuestro futuro.

¡Es tan fácil culparnos por los errores cometidos! Los errores forman parte de lo humano, de la vida: son cosas que debemos aceptar, oportunidades que nos permiten aprender y crecer. Pero incluso cuando aprendes de tus errores, no esperes no cometer otros. Te volverá a suceder y así debe ser.

Meta: Evoluciona, acepta cada reto como una oportunidad de aprender algo nuevo; te asombrarás lo fácil que es seguir adelante.

20 de febrero

Sé que es una experiencia que debo que tener
si Dios me hace pasar por ella.

—LIL WAYNE

A veces, cuando las cosas se ponen realmente difíciles y dolorosas, todo lo que podemos pensar es ¿por qué tengo que pasar por esto? ¿Qué he hecho yo para merecer esto? Pero hay una forma mejor de enfrentarse a una dura prueba; en lugar de resistirte, ríndete, piensa que debe haber una razón por la que te sucede a ti y no a otra persona. Enfrentarte a ello, es parte de tu viaje.

Meta: La próxima vez que pases por una prueba difícil, encuentra la forma de aprender de ella en vez de obsesionarte con tu sufrimiento.

21 de febrero

Cuando las personas no se expresan bien, mueren poco a poco.

——LAURIE HALSE ANDERSON

La música siempre me ha ayudado a expresar lo que no puedo decir con palabras. Una de las cosas más gratificantes de mi profesión es que tengo la oportunidad de usar mi voz y mis canciones para llegar a los demás y darles fuerza. Sé muy bien lo que se siente cuando estás sola en tu cuarto, destruida, herida por dentro y por fuera, ansiosa por sentirte querida, unida a alguien. Mis canciones no son solo para mí, sino para todos los que necesitan un amigo. Son para quienquiera que alguna vez haya sentido que necesitaba tener alguien a su lado. Si lees este libro, tienes que saber, por favor, que estoy aquí para ti, para ayudarte a superar tus días más oscuros.

Meta: Toca una canción que te haga sentir bien. Si eres músico/compositor, inspírate y exprésate a través de la música.

Las cosas más bellas y mejores en
el mundo, no pueden verse ni tocarse,
pero se sienten con el corazón.

—HELEN KELLER

Las cosas intangibles son las que hacen que la vida sea tan maravillosa. Los mejores recuerdos de mi vida han sido experiencias o emociones que no se pueden describir ni recrear. Pasé tantos años tratando de sentirme eufórica a través de las drogas y el alcohol, sin darme cuenta de que el verdadero bienestar lo tenía justo delante de mí.

Meta: Disminuye el ritmo y experimenta algo que no puedes ver pero sí sentir, algo hermoso.

23 de febrero

No trates de ser una pobre imitación de otro, trata de ser lo mejor de ti mismo.

—JUDY GARLAND

Igual que los copos de nieve, no hay nadie más en este planeta igual que tú. No pierdas el tiempo tratando de ser como otros. Sé la mejor y acéptate tal cual. Eres la mejor siendo tú misma, no siendo otra. Si todos luciéramos, habláramos y camináramos igual, nadie sería único. La individualidad no existiría. Ser diferentes es lo que nos hace especiales y al mundo tan fascinante.

Meta: Analiza tu personalidad. Asegúrate de que no tratas de moldearte a otra persona, sino que eres sencillamente quién debes ser. ¡Adelante, sé singular, porque ser "normal" es muy aburrido!

Ten valor para cambiar.

—DESCONOCIDO

Los cambios son parte de la vida, pero por alguna razón a veces dan miedo. El cambio significa crecimiento y el crecimiento significa que evolucionamos. Recuerdo que cuando era niña mis padres me decían que tenía que aprender ciertas lecciones para crecer. Según me hice mayor, aprendí otras lecciones, algunas más difíciles de entender y superar, pero a la vez de más valor. Crecer requiere valor: mientras pasas por los dolores que acompañan al crecimiento, recuerda que tienes que ser fuerte, valiente, decidida, porque estás evolucionando y convirtiéndote en alguien mejor.

Meta: ¿Qué te gustaría cambiar de tu vida o de ti misma? Encuentra el valor para empezar y hazlo poco a poco.

No importa por lo que hayas pasado en la vida, bueno o malo, no lo des por hecho. Hay lecciones en cada momento de nuestras vidas.

Cada uno de nosotros vive experiencias únicas que nadie jamás entenderá completamente. Tu historia encierra lecciones valiosas que pueden inspirar, enseñar y motivar a otras personas si decides compartirlas. Durante mi rehabilitación, escuché muchas historias diferentes y aprendí muchas cosas. Agradezco el haber encontrado el valor para compartir mi historia y hablar de lo que me ha pasado. No solo me ha ayudado a mí, sino que ha contribuido a dar perspectiva y fuerza a muchas personas. Te animo a que hagas lo mismo.

Meta: Comparte tu historia con alguien. Nunca sabrás si un pasaje sobre tu vida, inspirará a alguien a reescribir el suyo.

Nada es imposible, la propia frase
implica que soy posible.

—AUDREY HEPBURN

Lo que es posible en esta vida está relacionado con lo que eres capaz de hacer. A medida que ampliamos nuestros conocimientos y nuestra conciencia, continuamos creciendo, y las cosas que nos parecían imposibles, de repente, se pueden alcanzar. Mientras más ampliamos nuestros conocimientos y nuestras percepciones acerca de cómo funcionan las cosas en la vida, más capaces somos de alcanzar nuestra meta.

Meta: Concéntrate hoy en un asunto o en una tarea. Convierte lo imposible en posible. Haz una lista de todos tus sueños y cómo pudieran un día convertirse en realidad.

27 de febrero

Porque el ocuparse de la carne
es la muerte, pero el ocuparse
del espíritu es la paz y la vida.

—ROMANOS 8:6

Al haber sufrido un trastorno alimenticio la mayor parte de mi
vida, he pasado mucho tiempo concentrándome en lo exterior en
lugar de en lo interior: en cierto modo yo me sentía muerta por
dentro. Cuando empecé a centrarme en mí misma, en quién era
yo realmente, comencé a desarrollar una relación afectuosa
conmigo misma. Fue solamente entonces que fui capaz de
sentirme segura de mí misma y de sentirme bella en mi cuerpo.

Meta: Concéntrate en lo que tienes dentro, en eso que te hace
hermosa. Anota de cinco a diez cualidades, no físicas, que te
hacen resaltar como ese ser especial que eres.

28 de febrero

Nos necesitamos unos a otros, estamos en esto juntos.

Cuando nos escondemos de nosotros mismos es muy fácil aislarnos. Con el tiempo, comenzamos a interiorizar nuestros sentimientos, nos convertimos en reclusos, y antes de darnos cuenta, estamos completamente solos, y podemos caer en un estado de depresión. Si bien es vital saber cómo estar solo y cómodo con uno mismo, hay que recordar también que necesitamos el amor y la compañía de los demás. Cuando dejé de aislarme y volví a conectarme con los amigos y con la familia, me sentí más feliz y me quité un gran peso de encima.

Meta: Acércate a las personas próximas a ti y vuelve a construir la relación con ellas. Sal de tu zona confortable y piensa en cómo puedes recibir ayuda de otros.

Marzo

A veces, el mejor regalo que te puedes hacer a ti misma, es un regalo que das a otro.

Cuando tenía trece años doné a mi iglesia $150 que había ganado cuidando niños. Estaba tan orgullosa de mí misma por esta buena acción que tuve que contársela a todos mis conocidos. Después, ya no me sentía igual de bien por mi acción bondadosa y no podía entender el motivo. Me di cuenta de que en parte lo había hecho por el reconocimiento, no solamente porque me salía del corazón. Es importante hacer cosas buenas por los demás sin esperar nada a cambio. Un gesto puro y simple de compasión dice mucho y ayuda a los demás y a nosotros mismos de una manera que no llegamos a comprender plenamente.

Meta: Haz algo especial hoy por un extraño sin esperar nada a cambio, y disfruta del placer que esto proporciona.

El odio es solo una forma de amar que no ha encontrado una manera lógica de expresarse.

—LIL WAYNE

En la escuela, sentía odio hacia mis acosadores. Me di cuenta de que ese resentimiento hacia otros, solo me hacía daño a mí. Terminé por proyectar mi odio y descargarlo sobre otras personas: una reacción en cadena. Si hubiera sido más decidida, si hubiera tenido más confianza en la capacidad de amarme a mí misma, habría encontrado otra manera más efectiva de enfrentarme y superar esa negatividad que me rodeaba.

Meta: No dejes que el odio consuma lo mejor que hay en ti. Ten compasión por los que te acosan; sus acciones son el resultado del dolor y de la infelicidad que ellos mismos sufren.

3 de marzo

La pregunta no es quién me lo va a permitir,
sino quién va a pararme.

—AYN RAND

Si hubiera dado crédito a todos los que me dijeron que no tenía lo que se necesita para lograrlo, no hubiera llegado a ninguna parte. Me demoró un tiempo llegar a tener confianza en mí misma. Aunque es difícil, lo importante es ponerse a la altura del reto y superar esos sentimientos porque, al final, lo que te dice esa gente, no debe importarte. A lo largo de mi viaje dejé de preocuparme por esas tonterías, y de tratar de controlar mi destino. Me dejé guiar por el amor y por la pasión de lo que hago, en lugar de preocuparme por el fracaso. Yo era la única que realmente se interponía en mi camino. Ahora, cuando me encuentro con personas que me dicen que no puedo lograr algo, me recuerdo que no debo escucharlas, y solo debo creer en mí.

Meta: ¿Hay alguien en tu vida que trata de interponerse en tu camino hacia el éxito? Podría ser el momento de tener una conversación con esa persona o apartarla de tu vida.

4 de marzo

La confianza es un vínculo entre dos personas que solo se da cuando ambas son capaces de escucharse y de entenderse mutuamente. Para mí, es la clave para una buena amistad y una buena relación.

Las relaciones con la familia, los amigos, las parejas y los compañeros de trabajo son complicadas y están llenas de enseñanzas. Nadie viene a este mundo sabiéndolo todo. Vivimos diferentes experiencias, cometemos errores, logramos éxitos e incluso cometemos más errores de los cuales podemos aprender. La capacidad de confiar y de escuchar a las personas que te rodean es el cimiento sobre el cual se construye una relación sana.

Meta: Cuando hablas con amigos, asegúrate de que en realidad escuchas lo que dicen y no te distraigas con otras cosas. Les debes eso y tú esperarás lo mismo a cambio.

5 de marzo

A partir de ahora vivimos en un
mundo donde el Hombre ha caminado
sobre la Luna. No es un milagro,
simplemente decidimos ir.

—JIM LOVELL

La mayoría de las cosas que soñamos se pueden lograr en
realidad. Cuando miramos al cielo y vemos la Luna tan lejos,
parece imposible, inexplicable, que un ser humano haya estado
realmente allí, pero lo que comenzó con un sueño, la humanidad
lo logró.

Meta: Cree en lo imposible. Tal vez no sea imposible después
de todo. ¿Cuál es tu mayor sueño?

6 de marzo

Aprecia el momento.

Este preciso momento, mientras lees este libro, es lo que tienes. Te tienes a ti misma y a tu vida y es todo lo que necesitas. Pasamos demasiado tiempo pensando en el pasado o en el futuro y nos olvidamos del presente, de lo dichoso que somos de estar aquí en este mundo, rodeados de cosas hermosas.

Meta: Trata de vivir el momento. Aprecia la vida que llevas y agradece estar aquí para disfrutarla.

7 de marzo

Estoy agradecida por todo el amor y por todo el dolor que he experimentado en la vida. Ambos han sido igualmente maravillosos.

En el amor, algunas veces me he sentido eufórica, otras, con el corazón roto y también he experimentado otras emociones. A medida que me he hecho mayor, he aprendido a aceptar las partes dolorosas, porque entiendo que me hacen más fuerte y que son parte de la vida. Es doloroso atravesar estos momentos difíciles, pero al igual que un músculo necesita fortalecerse, lo mismo ocurre con nosotros.

Meta: Piensa en un momento doloroso de tu vida y luego piensa en cómo ese dolor no duró para siempre, aunque tú pensaste lo contrario. La vida continúa y el tiempo cura todas las heridas.

8 de marzo

La única manera de tener un amigo es ser uno.

—RALPH WALDO EMERSON

No puedes esperar que los demás te traten bien a menos que tú trates bien a los demás. A veces no sabes cómo ser un buen amigo hasta que tú lo necesitas. La regla de oro es la que hemos escuchado un millón de veces: trata a los demás como te gustaría que te trataran a ti. Puede que parezca un cliché pero si más personas siguieran esa regla, el mundo sería un mejor lugar.

Meta: Piensa en algo que te gustaría que uno de tus amigos hiciera por ti y hazlo tú por él. Presta atención a la manera que te comportas con los demás.

9 de marzo

Todas nuestras acciones tienen consecuencias.
De alguna manera, lo que hacemos, con el
tiempo, repercute en nosotros, por lo que
siempre es mejor actuar con amabilidad.

——YEHUDA BERG

Es muy importante ser atento y considerado, tratar bien a los
demás. No es cuestión de acercarte a ellos con guantes y de
puntillas, sino de tratarlos con amabilidad y respeto. Cuando
actúas movida por los celos o por sentimientos negativos, tienes
que estar preparada a aceptar las consecuencias de tus acciones.

Meta: Trata de hacer sonreír, por lo menos, a quince personas
hoy. Es un juego divertido para hacerlo con una amiga y ver
quién logra llegar a las quince personas primero. Nunca sabes
cuándo una de esas personas puede regalarte una sonrisa cuando
más lo necesites.

10 de marzo

Si algo no te parece bien, confía
en tu instinto. Es mejor estar segura
que tener que arrepentirte.

Muchas veces nos encontramos en situaciones donde tratamos de averiguar desesperadamente cómo es que llegamos hasta allí en primer lugar. Antes de darnos cuenta, nos hemos involucrado de tal manera que pensamos que no tenemos otra solución que seguir adelante. Pero si algo no te parece bien, no tienes por qué hacerlo. Si tus amigos tratan de persuadirte para que hagas algo que no quieres, o si tu jefe o un compañero de trabajo insiste en que hagas algo que no te parece ético, analiza la razón de sus intenciones y de la tuya y haz solo lo que consideres correcto.

Meta: Haz solo aquello con lo que te sientas cómoda, porque tú eres tu única guía.

11 de marzo

Si voy a cantar como otra persona, entonces no necesito cantar en absoluto.

—BILLIE HOLIDAY

Tienes que vivir tu vida siendo tú. Cuando alguien te pide que seas como otra persona, es importante que te conozcas lo suficiente para permanecer fiel a quien eres. La seguridad en ti misma y la valentía son las dos cualidades más atractivas que la gente puede pensar de ti. Al fin y al cabo, cuando tratas de ser alguien que no eres, la gente se da cuenta.

Meta: Canta tu propia canción, baila tu propia danza. No necesitas imitar, no te hace falta ser como ninguna otra persona.

12 de marzo

Hay una fisura, una grieta en todo,
así es como entra la luz.

—LEONARD COHEN, "ANTHEM"

La belleza y la alegría que hay en mi vida provienen de haber pasado por algo realmente difícil. Cuando salgo de la oscuridad puedo apreciar que ha terminado. El dolor me ha hecho crecer y convertirme en alguien mejor, más fuerte y más agradecida por todo lo que la vida me ofrece. La luz al final del túnel se puede ver desde lejos, pero mientras más fe tengas, más pronto la encontrarás.

Meta: Encuentra esperanza en una situación desesperada.

13 de marzo

No tengas miedo de defender lo que crees,
aunque tengas que hacerlo solo.

—DESCONOCIDO

Hay momentos en la vida en que parece que solo tú ves las cosas de determinada forma. Mientras sigas a tu corazón y los dictados de tu conciencia, y te mantengas firme en lo que crees que es justo, no importa lo que piensen los demás. Debes defender tu postura y hacer lo que es correcto. A través de la historia, los movimientos en defensa de los derechos civiles comenzaron solo con unas pocas personas. Mucha gente estaba en contra de ellos, pero se mantuvieron firmes. Al final, esas personas y sus ideas cambiaron la historia y abrieron el camino para que multitud de personas fuesen tratadas con dignidad e igualdad.

Meta: Sal en defensa de algo o de alguien, ya sea un extraño o alguien a quien amas, o únete a un grupo de personas que lucha por una causa en la que tú también crees.

14 de marzo

Aprecia cada sentimiento y podrás vivir honestamente.

Una de las cosas que he llegado a amar de la vida es que nunca nada es igual. A veces nos llenamos de alegría, de aburrimiento, de dolor o de desesperación. Todas estas emociones constituyen la fibra de nuestras vidas. No podemos controlarlo todo, pero sí podemos controlar cómo nos afectan estas situaciones. Antes, para mí, cada decepción era una gran pérdida, algo que impactaba mis sueños futuros. Ahora sé que la vida está llena de toda clase de sentimientos, y que hay belleza en ello si soy capaz de apreciarme honestamente en cada momento.

Meta: Piensa en alguien o algo que te destrozó el corazón y piensa después en cómo ese dolor te hizo cambiar y superarte.

15 de marzo

Dios, concédeme la serenidad para aceptar las cosas que no puedo cambiar, valor para cambiar las cosas que sí puedo y la sabiduría para reconocer la diferencia.

—REINHOLD NIEBUHR, "PLEGARIA DE LA SERENIDAD"

Hoy es el aniversario de mi sobriedad, así que quiero compartir la Plegaria de la Serenidad. Los que se recuperan, evocan esta oración todos los días, pero lo interesante es que no tienes que estar en rehabilitación para decir estas palabras. Invoqué esta plegaria casi todos los días durante mi tratamiento y me ayudó a entender y aceptar el mar de emociones y sentimientos por los que atravesaba. Hacemos lo mejor que podemos en la vida, viviendo un día a la vez, pero a veces necesitamos un simple recordatorio.

Meta: Di esta oración en voz alta para ti misma o con un amigo y observa qué reacción tienes. Repítela diariamente durante una semana y deja que cambie tu perspectiva en muchas cosas.

Encuentra tu luz interior y deja que ilumine el mundo.

Cada uno de nosotros tiene algo diferente que ofrecer y aportar al mundo. Todos tratamos de encontrar nuestro camino en la vida, pero cada uno de nosotros lo hace de una manera diferente. Para mí, ese descubrimiento de uno mismo, es algo fascinante. Hay una luz dentro de nosotros y la necesitamos para entender las cosas con mayor claridad. No permitas que nadie debilite tu luz, porque sin ella, ninguno de nosotros puede ver.

Meta: Deja que tu luz alumbre y que a la vez ilumine a otros.

17 de marzo

Si te pasas la vida buscando una diversión, ¿acaso estás huyendo de algo?

Hay muchas personalidades de la música popular y de la cultura que quieren hacernos creer que son fuertes porque utilizan sustancias y están de fiesta toda la noche. Para mí ser fuerte es cuando te enfrentas serenamente a tus problemas y a tus emociones y no tienes necesidad de ocultarlos. Hubo noches en las que tuve que sentarme sobre las manos para no exteriorizarlo todo, porque físicamente no podía quedarme quieta de dolor.

Meta: Deja de correr y hazle frente a tu vida y a tus problemas. Puede ser tan sencillo como no mirar el móvil cuando te sientes mal o estés sola. Escucha lo que tienes en la mente y acepta los pensamientos que te llegan.

Sueña en grande o deja de soñar. Por lo que sabemos, estamos aquí solo una vez, así que abandona tus miedos y abraza tus sueños.

No pierdas ni un segundo más sin hacer lo que amas. Tus sueños son tuyos por una razón, así que ve tras ellos sin temor y con los brazos abiertos. Todo lo que he conseguido en la vida lo he logrado porque yo sabía lo que quería y porque puse en ello todo mi esfuerzo y mi corazón. Los grandes sueños solían asustarme, pero cuando comencé a lograrlos, se convirtieron en una parte mía y yo, de ellos.

Meta: Anota todos los sueños que tienes para tu vida. Recuerda, ningún sueño es demasiado grande para ti. El mundo es tuyo.

19 de marzo

No hagas suposiciones. Encuentra el valor de preguntar y de expresar lo que realmente quieres. Comunícate con los demás con la mayor claridad posible para evitar malentendidos, sufrimientos y tragedias. Con solo seguir este principio, puedes transformar completamente tu vida.

—MIGUEL ÁNGEL RUÍZ

Toma el tiempo necesario para hacer preguntas y encontrar las palabras que mejor expresen lo que sientes. A veces dejamos cosas a la interpretación, ya sea porque tenemos prisa o porque tememos decir toda la verdad, pero es así cómo comienzan los malentendidos. Cuando no estás segura de lo que alguien quiere decir o de cómo se siente esa persona, es mejor preguntar.

Meta: ¿Cuándo fue la última vez que asumiste algo y te equivocaste? Haz un esfuerzo por conocer la verdad, no por suponerla.

20 de marzo

Siempre sentirás tentación y duda si debes o no tomar el camino más fácil.

Nuestros valores siempre van a ser puestos a prueba. Siempre vamos a tener la tentación de tomar el camino más fácil, mentir, engañar o robar, porque a veces esas cosas, en un principio, parecen más fáciles, pero te aseguro que terminan por afectarte. No encuentro palabras para decirte lo importante que es pensar muy bien lo que vas a hacer, antes de que tengas que lamentarte. No sucumbas a la presión, no dejes que nadie influya en tus decisiones ni en tus acciones.

Meta: Si tienes un amigo o compañero de trabajo que miente, engaña o roba, es importante hacerle saber que sus valores no concuerdan con los tuyos, especialmente cuando sus acciones te afectan directamente.

21 de marzo

En cada comunidad hay trabajo por hacer.

En cada nación hay heridas que sanar.

En cada corazón está el poder de hacerlo.

—MARIANNE WILLIAMSON

Es importante, cuando escuchas los problemas, los desastres y las tragedias del mundo, que la tristeza y la desesperación no te consuman. Donde hay oscuridad también hay luz. A veces, el arco iris más hermoso aparece después de la peor tormenta.

Meta: ¿Cómo puedes sembrar amor, esperanza y fe en otros? Averigua si hay alguien a quien conoces que necesita de tu ayuda y apoyo.

No puedes resolver los problemas
de otras personas, pero puedes estar
a su lado y compartir la carga de su
dolor haciéndola menos pesada.

—YEHUDA BERG

A menudo, cuando consolamos a seres queridos, lo que más deseamos es que su dolor desaparezca. Es un deseo natural el querer socorrer a nuestros seres queridos cuando necesitan ayuda, pero a veces es necesario que las personas experimenten un dolor para que aprendan y puedan salir de esa experiencia siendo más fuertes.

Meta: La próxima vez que un ser querido pase por un mal momento, piensa en cómo apoyarlo en lugar de resolver el problema.

23 de marzo

Nunca juzgues un libro por su cubierta.

—DESCONOCIDO

Es muy fácil encontrarte con personas en el camino y hacer conjeturas sobre lo que son basándote simplemente en algún detalle o defecto que observaste. Si no te tomas el tiempo para conocer a una persona y para escuchar por lo que ha pasado, no tienes derecho a juzgarla. Las cosas que observamos de una manera superficial son solo eso, falsas impresiones que no te dicen nada de esa persona o de lo que ha pasado.

Meta: Busca el tiempo para conocer bien a las personas, para preguntarles acerca de su historia; escúchalas con atención.

Creo que la vida es un regalo, pero vivir no significa que estés vivo.

—NICKI MINAJ, "MOMENT 4 LIFE"

La vida es preciosa, y es lo que haces con ella lo que te mantiene viva en el interior. No basta con vivir y dar por hecho este regalo. Todos tenemos miedos, pero mientras más luchamos por superarlos más capaces somos de disfrutar de nuestras vidas. Los miedos varían según la perspectiva o la experiencia. Cuando tenía trece años, sufrí un grave accidente de auto y, aún hoy, siento toda clase de temores cuando me subo a un auto. Pero el hecho es que si vives tu vida con miedo, entonces no la vives.

Meta: Trata de enfrentarte a uno de tus miedos hoy.

25 de marzo

La característica de una mente educada
es poder considerar un determinado
pensamiento sin aceptarlo.

—ARISTÓTELES

Hay mucha ignorancia en nuestro mundo. La ignorancia conduce a la guerra, a la violencia, al odio, a hacer juicios infundados, a la intolerancia y a la infelicidad. No importa cuál sea tu nivel de educación, todos tenemos la opción y la capacidad de ampliar nuestros conocimientos si queremos. Aunque nuestras creencias sean diferentes, todos debemos ser más abiertos a la crítica y a las opiniones de otros y respetarlas.

Meta: Escucha todas las partes y saca tus propias conclusiones. Si un argumento o debate sale a relucir, expresa tu opinión cortésmente.

No importa cuán roto esté mi corazón, siempre estaré agradecida de que aún late.

He tenido varias decepciones románticas en mi vida. Las relaciones pueden ser divertidas, emocionantes, bellas, pero también complicadas. Sé que todos sufrimos penas en la vida, pero ahora cuando me suceden, me permito sentirlas aunque duelan, y recuerdo lo bello de haber sentido algo tan profundo. Haber experimentado esa clase de amor y haber permitido que alguien entrara en mi corazón significa que estoy viva y que soy capaz de mucho.

Meta: Siente una profunda gratitud hacia todas las personas que han formado parte de tu vida, ya sea de manera positiva o negativa, porque de todas has aprendido algo.

Recuerda siempre que hay una niña
pequeña dentro de ti; trátala como
si acabaras de conocerla hoy.

Siempre me asombra con qué facilidad y frecuencia nos criticamos duramente. Adquirimos la costumbre de decirnos cosas terribles y no nos damos cuenta del gran daño que nos hacemos. ¿Le dirías esas cosas a la niña de cuatro años que una vez fuiste? A veces, cuando me siento enferma o cansada en el trabajo, en lugar de cuidarme, me olvido de que existe una niña pequeña y frágil dentro de mí y sigo adelante. En el futuro, reflexiona sobre este punto y piensa en ti antes. ¿Cómo tratarías a un niño si estuviera enfermo? Es importante que te cuides sobre todas las cosas.

Meta: Trátate con amabilidad. Ama a esa criatura que vive dentro de ti y cuida de él o de ella como si fuera tuya.

¿Por qué adaptarte si has nacido
para ser diferente?

—DR. SEUSS

Acepta todas tus peculiaridades. No fuimos creados para ser iguales, somos seres individuales. A veces pensamos que debemos ocultar nuestras diferencias, pero no debe ser así. Puede que te de temor tratar de averiguar quién eres y cuál es tu propósito en la vida, pero es importante buscar la respuesta para que te puedas aceptar y ser quien realmente eres.

Meta: No te escondas de ti misma, deja que el mundo sepa quién eres realmente y siéntete orgullosa de ello.

29 de marzo

No dejará de pasar un día en que no piense en la comida o en mi cuerpo, porque es parte de mi vida. Me gustaría poder decirles a las jóvenes que encuentren su lugar seguro y permanezcan allí.

Seas hombre o mujer, todos lidiamos con nuestras inseguridades, sobre todo en un mundo donde tanto valor se le da a lo externo. Cada día hay que luchar, pero de algún modo encontramos en nuestro interior la fuerza para seguir adelante sin decaer. No somos lo que comemos y nuestros defectos, *no* nos definen.

Meta: Elévate por encima de los estándares superficiales que la sociedad ha establecido para la imagen física. Eres mejor que eso y mereces ser sencillamente quien eres.

30 de marzo

A lo que te resistes persiste.

—CARL JUNG

Si pasas demasiado tiempo temiendo algo, entonces traerás energía y pensamientos negativos a tu vida en lugar de dejar que se alejen.

Meta: Ten fe en que alguien vela por ti y no pienses ni te preocupes por el resto.

31 de marzo

Escucha las historias de otras personas y encuentra la fuerza y la belleza de sus actos.

Me encanta escuchar las historias de mis fans porque son inspiradoras. Me cuentan cómo superaron el miedo, los trastornos alimenticios, las adicciones, las autolesiones, y me maravilla saber cuánta fortaleza tenemos dentro de nosotros mismos. De la misma manera, cuando compartes tu historia, la fuerza que hay en ti crece y la inspiración que ejerces sobre los otros se multiplica. Se necesita coraje para abrirse a los demás.

Meta: Llama a un amigo en apuros y cuéntale alguna etapa difícil que fuiste capaz de superar.

Abril

1 de abril

La duda es un dolor demasiado solitario para saber que la fe es su hermana gemela.

—KAHLIL GIBRAN

Puede que sea el Día de los Inocentes, pero como no eres tonta, deja de poner en duda todo lo que haces y créete capaz de tomar las decisiones correctas. Confía en tu instinto que por algo lo tenemos.

Meta: Cuando tengas duda de algo, detente y di: "creo en mí misma".

2 de abril

A veces las personas son hermosas,
no por su belleza, no por lo que dicen,
sino por lo que son.

—MARKUS ZUSAK

Es muy fácil dejarnos llevar por la belleza exterior de nuestro mundo. Parece increíble que te encuentres con una persona, de una extraordinaria belleza física y, cuando la conoces a fondo, resulte ser una persona superficial y frívola. Desde el momento que una persona solo piensa en sí misma, cualquier belleza física que pueda tener, desaparece. La verdadera belleza proviene de la bondad, de la virtud y de la compasión. Para poder apreciar esa clase de belleza, se necesita algo más que una mirada ocasional.

Meta: Busca el tiempo para conocer a las personas y que puedas apreciar lo bellas que son; en el proceso, aumentará tu propia belleza.

3 de abril

Recuerda siempre que pueden más las acciones que las palabras.

Me esfuerzo continuamente por ser mejor, evaluando mis acciones diarias y viendo cómo afectan a otros. Cuando me doy cuenta de que mis acciones han herido a alguien, trato de acercarme a esa persona y pedirle disculpas. Me siento bien cuando reconozco mis errores y trato por todos los medios de rectificarlos y de demostrar mi amor. Las acciones tienen mucho más impacto que las palabras.

Meta: Piensa en alguna persona a quien debes acercarte ya sea para pedirle disculpa o volver a conectar con ella, dile cuánto la quieres o que estás arrepentida.

4 de abril

El oro no es puro y las personas no son perfectas.

—PROVERBIO CHINO

Es importante reconocer tus debilidades y tus defectos, aunque resulte difícil al principio. Una vez que reconoces y aceptas tus debilidades, estás en un buen punto de partida para comenzar a superarlas. No debemos aspirar a la perfección porque no existe. Cuando aceptamos a los demás tal como son y nos amamos incondicionalmente (incluyendo nuestros defectos), es una oportunidad para aceptarnos, para ser valientes y para aprender.

Meta: Considera tus debilidades y piensa cómo puedes mejorar de una manera sana.

5 de abril

Ve despacio y a tu ritmo y disfruta la carrera.

—MIKE BAYER

Siempre oímos decir "despacio y con constancia se gana la carrera", y aunque me encanta esta frase, lo que en realidad me gusta es la idea de reducir nuestra marcha para disfrutar mejor esos pequeños momentos de la vida. Al vivir en un mundo tan agitado hoy día, es fácil adquirir una rutina tan acelerada que ni siquiera tenemos tiempo de recobrar el aliento. No solo no es beneficioso para nuestro cuerpo y para nuestro estrés, sino que elimina el placer de cualquier cosa que hagamos.

Me he dado cuenta de que el tiempo corre deprisa y si no me detengo y freno mi marcha, me pierdo esos pequeños momentos de la vida. Si vas a toda marcha para lograr una meta o llegar a un lugar, acuérdate de disfrutar del camino porque de lo contrario, ¿qué sentido tiene la carrera?

Meta: Cuando tienes demasiada ansiedad en el trabajo, haz una pausa, respira profundamente diez veces y recurre a la meditación para calmar tus nervios.

6 de abril

Nadie ha medido, ni siquiera los poetas, cuánto puede guardar el corazón.

—ZELDA FITZGERALD

Es absolutamente increíble cuánto amor puede albergar el corazón, y no hay duda en mi mente de que el amor compensa cualquier dolor o sufrimiento que lo acompañe. Por cada dolor que has sufrido, piensa en todas las cosas maravillosas que el amor trae consigo, especialmente al principio: las mariposas en el estómago, el desfallecimiento que sientes en todo el cuerpo. No cambiaría por nada del mundo de la manera que me siento cuando me enamoro.

Meta: Abre tu corazón y déjate sentir todas las emociones sin el temor a sufrir.

7 de abril

Todos estamos en proceso de desarrollo.

—MARY J. BLIGE, "WORK IN PROGRESS"

Nadie ha dicho que hay que tener todas las respuestas, porque te puedo asegurar de que nadie las tiene. Lo que en realidad importa, es que continúes tu desarrollo, permitiéndote sanar, crecer y mantenerte humilde. Cuando pienses que el trabajo ha terminado, comienza de nuevo y aprecia cada momento.

Meta: Piensa que estás en un proceso de desarrollo, en lo mucho que has crecido y cambiado en el último año. Imagínate cómo vas a seguir cambiando cada año durante el resto de tu vida. Piensa en algo que puedas comenzar a cambiar hoy mismo.

8 de abril

La rehabilitación es algo en lo que tienes que trabajar a diario, y no hay días libres.

Estar en rehabilitación no siempre es fácil. A veces tengo días buenos y hay otros días cuando quiero darme por vencida, pero sé que tengo que pedir ayuda. Da igual que se trate de una adicción física, un problema de salud mental, una discapacidad o un trauma emocional, todos tenemos cosas que nos afectan, cosas que tenemos que superar. La meta no es ser perfectos, sino lograr nuestro mejor bienestar por dentro y por fuera.

Meta: ¿De qué traumas te recuperas? ¿Qué situaciones atraviesas? Acude a un amigo o busca ayuda profesional.

9 de abril

Pienso que es importante pasar tiempo a solas. Necesitas aprender a estar sola y no depender de otra persona.

—OLIVIA WILDE

No siempre es fácil estar solo. Según paso más tiempo a solas, no solo me voy acostumbrando, sino que disfruto de los ratos que comparto conmigo misma. Si eres una persona introvertida o extrovertida, es importante que encuentres paz y bienestar estando sola. En esos momentos de soledad, cuando realmente nos conocemos mejor, nos convertimos en personas más fuertes, en mejores amigos.

Meta: Encuentra tranquilidad a solas con tus pensamientos.

10 de abril

La más terrible pobreza es la soledad y el sentimiento de no ser amado.

—MADRE TERESA

No importa cuánto dinero tienes; el dinero no proporciona ni amor ni felicidad. Todos queremos sentirnos amados y protegidos, pero esto no se compra con dinero. De nada vale todo el dinero del mundo, solo el amor y las personas que te rodean.

Meta: En el día de hoy haz algo especial para que una persona se sienta necesitada y amada. Piensa que el amor es tu mayor riqueza.

Establece metas y sueña a lo grande.

Es maravilloso tener grandes sueños, pero para que se hagan realidad tienes que establecer metas y anotarlas. No basta con pensar en los sueños, debes poner todo tu empeño en hacerlos realidad. No hay mejor sensación que poder tachar una de las metas de tu lista, cuando has trabajado duro para lograrla.

Meta: Haz una lista de tus metas para este año. Concéntrate y esfuérzate y así podrás ir tachando una a una de la lista.

12 de abril

Sé ese cambio que quieres ver en el mundo.

—DESCONOCIDO

Cuanto más hagas por cambiar algunas cosas de este mundo, más inspirarás a otros a que hagan lo mismo. Así es de sencillo. Si quieres ver cambios, tú debes dar el ejemplo.

Meta: Haz una lista de las cosas que son importantes para ti y defiéndelas con valentía.

13 de abril

Estoy hecho de imperfecciones cosidas con la mejor de las intenciones.

—AUGUSTEN BURROUGHS

Todos y cada uno de nosotros tenemos nuestros defectos. No lo hicimos a propósito, son cosas que suceden en la vida; cometemos errores y aprendemos de ellos. Eso es lo que nos hace ser quienes somos.

Meta: Sé más amable, más considerada contigo misma. Acepta tus defectos y agradece lo que has aprendido de ellos.

14 de abril

¡Qué maravilla que nadie necesita
esperar ni un solo minuto para
comenzar a mejorar el mundo!

—ANA FRANK

Hace poco me crucé en la calle con una persona desamparada, y observé cómo la gente pasaba de largo a su lado. Me dio tanta tristeza que me detuve a hablar con él. Me presenté y él me dijo que se llamaba Denny. Conversamos un rato y me hizo algunos chistes. Me dijo que era la primera vez en muchos días que alguien hablaba con él y que se sentía feliz y agradecido de haber podido conversar con otra persona. Yo no podía creer que algo tan sencillo nos hubiera proporcionado tanta alegría a los dos. Nunca me olvidaré de ese encuentro.

Meta: Haz algo por alguien hoy para que su día resulte más alegre.

15 de abril

No hay que preocuparse por el mañana cuando hemos sido bendecidos con el hoy.

Sé que a todo el mundo le preocupa el porvenir pero, en mi experiencia, de nada te sirve. Lo único que te ocasiona es más estrés, y que te preocupes por cosas que tal vez no van a suceder nunca. Hoy, y este momento, es todo lo que tenemos, así que concéntrate en el presente, da gracias por todo lo bueno que tienes y confía en que el resto llegará a su debido tiempo.

Meta: Da las gracias hoy por todo lo que tienes.

16 de abril

Haz algo positivo. Tu futuro "yo" te lo agradecerá.

—ANUNCIO DE NIKE

Todas las decisiones que hagas hoy te afectarán en el futuro. Las cosas que te dices a ti misma, las sustancias que consumes, las personas de las que te rodeas . . . se quedan contigo. Pensando en el futuro, ya sea dentro de diez días, como dentro de diez años, sé consciente de cómo te tratas.

Meta: Cada vez que tengas un pensamiento autodestructivo, piensa en algo completamente opuesto. Verás con qué rapidez cambia tu conducta si logras mantener una actitud positiva.

17 de abril

Cómo me siento acerca de mí es más
importante que cómo luzco. Si te sientes
segura de ti misma, de tu cuerpo, eso
en realidad es lo que te hace hermosa.

—BOBBI BROWN

Nadie más tiene exactamente lo que tú: tu cuerpo y tus rasgos
son un don, así que siéntete agradecida por ellos. Mi amigo
Spencer West ha pasado toda su vida sin piernas pero esto no fue
un impedimento para vivir su vida al máximo. Cada vez que
pienso en algún aspecto negativo de mi cuerpo, pienso en Spencer
y en su increíble valor y cuán dichosa soy de contar con mis
piernas. Si él puede ir por el mundo con la cabeza bien alta, yo
también puedo.

Meta: Piensa en otros menos afortunados y agradece lo que
tienes.

Estás aquí, ahora.

—RAM DASS

Todo lo que tenemos es el ahora. Esto lo he aprendido después de haber hecho tantas funciones y actuaciones que apenas recuerdo. Y es porque no vivía el momento, mi presencia era solo en escena.

Meta: Deja a un lado las distracciones, olvida el teléfono o la computadora y disfruta el momento tal y cual.

Eres tan fuerte como tu parte más débil; eres
tan positivo como tu amigo más negativo.

—KELLY ROWLAND

Eres lo que son tus amigos, así que asegúrate de saber con quién
andas y cuáles son sus valores. Los amigos ejercen una gran
influencia sobre nosotros, y viceversa. Esto puede ser algo bueno
siempre y cuando tus amigos te ofrezcan amor, lealtad, respeto y
confianza.

Meta: ¿Hay alguien en tu vida que te ha hecho sentir mal? Si
es así, tal vez sea el momento de mantener una conversación
franca con esa persona, y buscar la manera de arreglar la
situación.

20 de abril

Cuando una puerta se cierra, otra se abre,
pero mantenemos tanto tiempo la vista
fija en la puerta que se ha cerrado,
que no vemos la que se nos ha abierto.

—ALEXANDER GRAHAM BELL

No importa por lo que estés pasando, siempre hay una luz al final del túnel. Tal vez te parezca difícil encontrarla, pero la puedes encontrar. Sigue luchando y encontrarás el lado positivo de las cosas. Puedo mirar al futuro y ver cosas buenas, ya sean grandes o pequeñas, que me dan ánimo para seguir adelante con paso seguro.

Meta: Recuerda lo malo pasará y al otro lado podrás llegar.

21 de abril

Vive todo el tiempo que quieras; no quieras todo, el tiempo que vives.

—DICHO TRADICIONAL IRLANDÉS

Nuestras vidas consisten en la belleza con que las llenamos: mientras más nos rodeemos de belleza, más ricas serán nuestras vidas. Pero desear siempre más y más nos impide disfrutar de lo que ya tenemos. Es bueno querer cosas en la vida pero también es importante no ser codiciosos.

Meta: No te obsesiones con lo que no tienes; agradece lo que tienes.

Piensa en lo lejos que has llegado,
no lo que te falta por recorrer.
Quizás no estás donde quisieras estar, pero
tampoco estás donde estabas antes.

—RICK WARREN

La mayor parte de nuestras vidas se mueve a un ritmo tan acelerado que no siempre tenemos tiempo para detenernos y reflexionar sobre lo lejos que hemos llegado. Siempre estamos muy ocupados mirando hacia el futuro y nos olvidamos de mirar el presente. Es fácil sentirnos descontentos en el lugar en que estamos, sin realmente apreciar de cuán lejos hemos llegado. Quizás no te encuentres donde realmente quisieras estar, pero el hecho de estar en camino, es realmente lo que importa. Lograr lo que uno desea es un proceso que requiere tiempo.

Meta: En el día de hoy, celebra todo lo que has logrado desde el año pasado. Piensa en algo que has logrado en tu vida de lo cual te sientes orgullosa.

23 de abril

Nadie es perfecto. Mientras sigamos
esforzándonos por mejorar, nuestras
imperfecciones son una parte del viaje.

¿Cuántas veces hemos hecho algo malo y lo hemos lamentado
después? Si hemos aprendido algo de esta experiencia, entonces
vale la pena. No somos perfectos; estamos aquí para aprender de
nuestros errores e imperfecciones, no para culparnos por ellos.

Meta: Piensa cómo transformar tus sentimientos de
culpabilidad en lecciones para el futuro.

Debajo de todo está el mismo amor.

—MACKLEMORE, "SAME LOVE"

Pese a nuestras excentricidades y dones únicos, todos estamos hechos de carne y hueso. Estamos unidos y conectados tanto por nuestras diferencias como por nuestras semejanzas. No importa cuán diferente sea el recorrido de cada uno de nosotros en esta vida, estamos todos en este viaje para aprender a amarnos y conocernos a nosotros mismos, al igual que a otros, con mayor profundidad y honestidad.

Meta: Concéntrate en lo que te une a tus amigos, familiares y colegas.

Imagínate exactamente cómo quieres que sea tu vida, sin temores y con el valor de hacer realidad tus sueños.

Nuestras intuiciones y las visiones que nos permitimos son muy significativas. Es importante sentir que podemos hacer realidad nuestros sueños; estoy profundamente convencida de que así es. Pero lograrlo requiere esfuerzo, no sucede por arte de magia. Deja que tu imaginación vuele con todo lo que deseas alcanzar en la vida, aunque te parezca algo imposible. Abraza tu visión de la vida, y conviértela en tu meta diaria hacia donde te diriges. Si te lo has propuesto, una buena razón habrá.

Meta: Haz una lista de todos los sueños que quieres ver realizados algún día.

26 de abril

Es importante escuchar y estar abiertos
a la sabiduría de nuestros antepasados.
Es nuestro deber respetar las enseñanzas y
las palabras de quienes nos precedieron.

Mirando hacia atrás, comprobamos que hay muchas historias increíbles e inspiradoras en nuestros árboles genealógicos y en los libros de historia que damos por hecho. Pero esas personas que nos precedieron abrieron el camino para poder llegar a donde estamos hoy. Es importante no solo aprender de ellas, sino recordarlas, respetarlas y agradecerles todo lo que han hecho por nosotros.

Meta: Abre un libro de historia o busca en Internet una figura histórica de la que no sabías nada y aprende algo nuevo. También, pídele a un familiar que te hable de alguno de tus bisabuelos y averigua quién y cómo era.

27 de abril

Empieza donde estás. Usa lo que tienes. Haz lo que puedas.

—ARTHUR ASHE

Nadie te pide que seas perfecto. Es suficiente con que hagas las cosas lo mejor que puedas de la manera que tú puedas. A veces, ponemos demasiada presión en nosotros mismos para complacer a otros.

Meta: Confórmate con lo que te trae el despertar de cada día; empieza por ahí y aprovecha el día al máximo.

28 de abril

La mayoría de nosotros, creo yo, admiramos la fortaleza. Es algo que tendemos a respetar en los demás, querer para nosotros y desear para nuestros hijos. A veces, sin embargo, me pregunto si confundimos fortaleza con otras palabras como agresividad o incluso violencia.

—FRED ROGERS, *Mr. Rogers' Neighborhood*

Muy a menudo se confunde la fortaleza con la violencia. Creo que las chicas que me acosaban, y los acosadores en general, se esconden de su verdadero dolor ejerciendo un falso sentido de fuerza y menospreciando a los demás. Si más personas aceptaran sus sentimientos y admitieran su debilidad, su tristeza y su impotencia, tendrían una oportunidad de curarse. Esta clase de apertura y de sinceridad requiere verdadera fortaleza y coraje.

Meta: Sé fuerte hoy por ti o por otra persona.

Una de las alegrías más grandes de este mundo es ver reír a un niño.

Hay algo en la inocencia de un niño que ríe que me alegra la vida. Los niños viven en un mundo de maravillas. No han visto, en gran parte, muchas de las penas y tristezas que sufre el mundo que los rodea, pero que los adultos ven. Cuando el mundo se abre ante nosotros, nos convertimos en testigos de lo que vemos: de lo bueno y de lo malo. Así que cuando vemos a un niño sonreír por una simpleza, nos invade una nostalgia por esas simples cosas de la vida.

Meta: Si tienes la oportunidad, haz reír a un niño hoy.

30 de abril

Cantar es una forma de escapar. Es otro mundo. Ya no estoy en la Tierra.

—EDITH PIAF

Desde que era niña mi voz siempre me permitió escapar, encontrar la dicha dondequiera que estuviera. Cada uno encuentra su propia dicha en la vida y a menudo sucede cuando te entregas a un momento y te metes de lleno en algo. Al igual que Edith Piaf, siento que cuando canto me elevo y me olvido de todo lo demás.

Meta: Encuentra lo que te hace más feliz y déjate llevar más allá de las nubes, aunque tengas los pies bien plantados en la tierra.

Mayo

1 de mayo

Sé curioso, no juzgues.

—WALT WHITMAN

Es importante mantener la curiosidad y la capacidad de maravillarnos que tenemos cuando somos niños. De bebés, experimentamos todo por primera vez: gatear, comer, caminar, hablar y sentir. Sin embargo, a medida que nos hacemos mayores comenzamos a dar por hecho las cosas más sencillas. Cuanto más abiertos estemos y más curiosidad nos despierte el mundo que nos rodea, más podremos descubrir y aprender.

Meta: Sé un explorador. No des por hecho lo que ves, oyes o tocas. Observa todo con mayor atención y aprende de tu entorno.

2 de mayo

Respeta tu mente, tu cuerpo y tu alma.
Te lo MERECES.

Nosotros somos los primeros en desanimarnos. Somos nuestros críticos más severos. Una gran parte de nuestro viaje consiste en aprender a querernos. Eso significa cuidar tu mente, tu cuerpo, y tu espíritu. Trátate como tratarías a un niño pequeño y comprobarás la diferencia. Si eres amable contigo mismo, todo cambiará para mejor.

Meta: Ponte frente al espejo y afirma que eres una bella persona.

3 de mayo

Nuestras vidas empiezan a terminar el día que guardamos silencio sobre lo que importa.

—MARTIN LUTHER KING JR.

Es importante apoyar con firmeza lo que crees, porque si no lo haces, nadie más lo hará. ¿Qué sucede, por ejemplo, si tu propósito en la Tierra es hacer un descubrimiento importante y no lo haces porque no valoraras suficientemente tus ideas como para llevarlas a cabo?

Meta: Defiende tus ideas, vive una vida que tenga sentido para ti; si pones tu granito de arena para mejorar este mundo, podrás dormir tranquila. Recuerda que no hay tiempo como el presente.

4 de mayo

Es mejor que los niños lean lo que quieran y que hablen abiertamente sobre el tema. Si los padres y los niños hablan entre sí no habrá necesidad de tanta censura, porque no tendremos tanto miedo.

—JUDY BLUME

Es importante que los niños sientan que pueden hablar y pensar con libertad. Los padres y los maestros deben inspirar a los jóvenes: ser un modelo a imitar para hijos y alumnos, respectivamente. No deben descartar los puntos de vista de los niños ni sus opiniones, sino elogiar su valor y su inteligencia.

Meta: Sea cual sea tu edad, procura estimular, educar y ayudar a los demás.

5 de mayo

Gay, hetero, lesbiana, bi:
Nadie es mejor que nadie.

Todos somos iguales. Si alguien te dice lo contrario puedes tener una conversación con esa persona o de lo contrario da la espalda y vete. No dejes que sus prejuicios y su intolerancia puedan contigo.

Meta: Ayuda a propagar la tolerancia en tu comunidad.

6 de mayo

No te conformes.

Algunas personas se conforman porque piensan que nada mejor les puede suceder. No se consideran suficientemente buenas. En esta vida llegarás a ser lo que en realidad te propongas, pero tienes que creer en ello firmemente o no lograrás nada mejor.

Meta: Toma un momento para reconocer lo que vales.

7 de mayo

Aferrarse a la ira es como agarrar un carbón ardiente con la intención de tirárselo a otra persona, pero quien se quema eres tú.

——BUDA

He tenido que aprender esta lección muchas veces en la vida, pues perdonar es difícil. La ira y el resentimiento son tan tóxicos que terminan perjudicándote a ti misma. Si alguien te hiere, afróntalo con tolerancia, caridad y aceptación. Al final, lo mejor es no darle importancia; de lo contrario, el rencor se acumula.

Meta: Anota en un papel todas las cosas que te hacen enojar y después, quémalo.

8 de mayo

A veces está bien ser egoísta. Ser
siempre generoso puede ser perjudicial
para tu cuerpo y tu mente.

Dicen que si vuelas en un avión y de repente pierde gran altura, debes colocarte tú primero la máscara de oxígeno antes de ayudar a otro pasajero. No puedes ayudar a los demás si no te ayudas tu primero. La gente puede pensar que eres egoísta, pero en realidad te preparas para poder auxiliar mejor al prójimo.

Meta: Haz algo hoy por ti. Disfruta de un masaje, duerme tarde, medita.

9 de mayo

Para descubrir la verdadera calidad
humana de un hombre, mira cómo trata
a sus inferiores, no a sus iguales.

—J. K. ROWLING

No hay nada que más me desagrade que ver a alguien que trata
bien a las personas con poder y por otro lado trata mal a los que,
ante sus ojos, son de una clase social inferior. La mejor manera
de averiguar cómo es alguien en realidad, es ver si trata a todas
las personas por igual. En caso contrario, debes decidir si deseas
continuar tu relación con esa persona.

Meta: Trata a todos por igual, con afecto, amabilidad y
respeto, sin tener en cuenta su situación económica o social. No
eres ni mejor ni peor persona por lo que tienes o dejas de tener.

Como la luna, sal detrás
de las nubes . . . brilla.

—BUDA

Todos tenemos días malos, pero la oscuridad siempre trae luz.
Puedes elegir, tienes el poder para salir de cualquier oscuridad
o problema que te consume. Usa tu luz interior para brillar e
iluminar el mundo. A veces basta con pensar en cosas agradables,
o sonreír aunque no quieras.

Meta: Ilumina el mundo con tu sonrisa, incluso si te sientes
triste.

11 de mayo

Mi madre me dijo: "Si te haces soldado, serás general. Si te haces sacerdote, serás Papa". En vez de eso me hice pintor y, ahora, soy Picasso.

—PABLO PICASSO

Yo no estaría donde estoy si no fuera por el amor, la amistad y el apoyo de mi asombrosa madre. Ella siempre ha creído en mí, incluso cuando yo no creía en mí misma. Esa fe me ha dado el coraje para ir tras mis sueños y realizarlos.

Mi madre me ha enseñado cómo actuar con integridad, lealtad, fortaleza y amor. Soy consciente de lo inmensamente afortunada que soy por tener una madre así.

Meta: Dale las gracias a alguna persona en tu vida por todo el amor que te ha dado.

12 de mayo

Cuando nos obsesionamos con lo que otros piensan de nosotros, permitimos que manejen nuestras vidas y, sin darnos cuenta, dejamos de ser quiénes somos en realidad.

Todos queremos ser amados y aceptados, pero cuando nos dejamos llevar por esto en vez de procurar amarnos a nosotros mismos, estamos a la merced de las opiniones de los demás y dejamos de vivir con sinceridad. Si alguien te ofende, no dejes que eso te moleste, no hagas caso. Si le prestas atención, afectará negativamente tu carácter.

Meta: ¿Qué te hace especial y única? Piensa en una de tus excentricidades y acéptala con agrado.

13 de mayo

No dejes que la envidia te atormente. Es una ilusión tonta pensar que la vida de otra persona es mejor que la tuya cuando en realidad cada uno de nosotros sigue su propio camino.

Hay momentos en que los celos, con respecto a la vida de otra persona: su cuerpo, su vestuario, su talento, me consumen. Es un sentimiento bastante común. Lo llaman "el monstruo de ojos verdes" con razón porque te destruye y cuando está presente, te consume. Sé fuerte y no pienses en lo que otros tienen.

Meta: No alojes celos por la vida de otras personas y siente una profunda gratitud por tu propia vida.

14 de mayo

El cambio nunca es doloroso, solo la resistencia al cambio lo es.

—BUDA

Los cambios son parte de la vida y no hay manera de evitarlos. Acepta que tu vida estará marcada por toda clase de cambios, y aunque a veces nos producen ansiedad, en realidad, fortalecen nuestro carácter y nos ayudan a seguir adelante.

Meta: Acepta los cambios que ocurren en tu vida, sean positivos o negativos. Todos te llevan hacia delante y hacia un nuevo capítulo en tu vida.

Tienes la capacidad de cambiar tu vida
con un simple cambio de perspectiva.

A veces empiezo mal el día y me frustro o me deprimo. Incluso pienso: "olvídalo, el día ya se arruinó". Me siento mal, me pongo de malhumor y sin querer otras personas sufren las consecuencias. Sin embargo, he aprendido que puedo reiniciar mi día en cualquier momento. Solo tengo que sentarme, guardar silencio y volver a empezar. Cambio mi perspectiva y me digo que el día que tengo por delante está lleno de maravillosas bendiciones y oportunidades. Enumero diez o más cosas que aprecio en mi vida y, por lo general, mi estado de ánimo cambia. Cuando esto ocurre, mi día se transforma inmediatamente.

Meta: Cada día escribe en un cuaderno diez cosas por las que debes sentirte agradecida.

16 de mayo

No te olvides de respirar bien.

Es un instinto con el que nacemos y. sin embargo, por alguna razón, perdemos el ritmo de hacerlo bien, sobre todo, cuando estamos estresados y abrumados.

Meta: Concéntrate en tu respiración y busca un lugar apacible para hacerlo. Notarás una gran mejoría en tu estado de ánimo.

17 de mayo

Cuando alguien a quien he ayudado,
o en quien he puesto todas mis esperanzas,
me maltrata de una forma perjudicial,
puedo considerarlo todavía como
un preciado maestro.

—DALAI LAMA

Tener compasión por los demás es vital para nuestra propia felicidad. Siempre podemos aprender de las personas que nos han herido. No es posible pasar por la vida sin sufrir dolor. Incluso nuestros mejores amigos a veces nos hacen enojar. Es importante tener presente que tu mejor amigo o amiga no es una persona perfecta, es una persona humana y como tal, comete errores.

Meta: Aprende de todo el mundo, hasta de quienes te hacen daño o te decepcionan. No olvides que son humanos también.

18 de mayo

Ve con confianza al encuentro de tus sueños. Vive la vida que has imaginado.

—DESCONOCIDO

Si alguien te dice que no podrás vivir la vida que imaginaste, no te molestes en contradecirlo. Sigue trabajando duro, con la seguridad que te da tu corazón de que lo lograrás. Usa esa desconfianza como motivación.

Meta: Te mereces toda la felicidad del mundo, así que ve en pos de ella con todo el frenesí y la pasión que hay en tu alma.

19 de mayo

No podemos depender en otros para hacernos sentir felices. Debemos encontrar la felicidad en nosotros mismos.

He descubierto lo importante que es hacernos felices a nosotros mismos. No te avergüences de lo que sientes, porque todos, en algún momento, sentimos las mismas emociones. A lo mejor las expresamos de diferentes maneras, pero en realidad son muy similares y es por esa razón que nos identificamos unos con otros. Lo más importante es que no permitas *nunca* que alguien se burle de cómo tú te sientes.

Meta: Si tienes un mal día, no cuentes con otros para alegrarte. Encuentra la felicidad en tu interior.

Siempre que subo, me persigue
un perro que se llama ego.

—NIETZSCHE

Cuando nos independizamos y empezamos a alcanzar nuestras metas, debemos asegurarnos de dejar nuestros egos atrás, de no permitir que interfieran con la integridad y la honestidad de nuestro trabajo. Tu ego siempre estará al acecho, te perseguirá pisándote los talones a medida que asciendas en este mundo, pero no dejes que se te adelante.

Meta: Examina cuál es el estado actual de tu ego. Sé consciente de cómo actúa y no dejes que te domine.

21 de mayo

Una sonrisa puede salvar una vida.

¿Sabes que hay pruebas científicas de que sonreír estimula el sistema inmunológico y ayuda a vivir una vida más larga y feliz, sin mencionar que, al ser contagiosa, también hace más felices a quienes nos rodean? Una vez, mientras yo pasaba por el control de seguridad de un aeropuerto, un inspector me sonrió, y solo con eso me alegró el día. Cuando das alegría a otra persona, también te la das a ti misma.

Meta: Sonríe a menudo, nunca sabes el impacto que una sonrisa puede causar en la vida de otros.

22 de mayo

Cuando arrojas tierra, pierdes terreno.

—PROVERBIO DE TEXAS

En la vida tenemos elecciones. Siempre podemos elegir la manera de responder a las personas que nos ofenden. El primer impulso es el de responder de la misma manera, pero antes, pregúntate si eso servirá de algo.

Meta: La próxima vez que una persona te insulte, pregúntale con calma cómo se sentiría ella si fueras tú quien la insultara.

23 de mayo

La verdadera alegría la recibimos cuando inspiramos, alentamos y encaminamos a una persona a seguir el mejor camino para ella.

—ZIG ZIGLAR

Hay mucha gente envidiosa. A veces las buenas noticias crean resentimiento y celos en otras personas. Asegúrate de ser solidaria y de celebrar las buenas noticias ajenas y seguramente serás correspondida.

Meta: La próxima vez que una amiga o un familiar compartan buenas noticias contigo, asegúrate de que tu alegría sea sincera.

El cambio sucede cuando escuchas e inicias
un diálogo con personas que hacen algo
que tú no crees que está bien.

—JANE GOODALL

Hay más de siete mil millones de personas en este mundo y, sin embargo, cada uno de nosotros tiene solo un cerebro y un conjunto de valores y de opiniones. No importa lo educados, compasivos, amables, abiertos o dispuestos que seamos, habrá muchas ocasiones en que nos equivoquemos. No podemos ser unos fanáticos acerca de nuestros valores ni rechazar de plano otras opiniones y creencias.

Meta: Mantén la mente abierta y acepta el equivocarte. Amplía tus horizontes con nuevas áreas de interés. Es más productivo abrir tu mente y tu corazón a otras perspectivas.

25 de mayo

Camino despacio, pero nunca retrocedo.

—ABRAHAM LINCOLN

La recuperación es un proceso, no importa de lo que sea que tratas de recuperarte. Nadie es mejor o superior por recuperarse con mayor rapidez. No es una carrera; tienes que ir a tu propio paso, incluso si ese paso es lento. Habrá días en los que quieres darte por vencida: no lo hagas. Habrá días en los que corres el riesgo de recaer: no lo hagas. Si estableces tu propio paso y no retrocedes en tu recuperación, estarás haciendo grandes progresos y eso es todo lo que importa. Siéntete orgullosa de lo que has podido lograr y sigue adelante.

Meta: No compares tu proceso de recuperación con el de otros. Recuerda que cada uno de nosotros se cura mental, física y emocionalmente a un ritmo propio y adecuado. Date el tiempo que necesitas y mereces.

El tiempo transcurre rápidamente,
las personas entran y salen de tu vida.
No desperdicies la oportunidad de
decirles cuánto significan para ti.

—DESCONOCIDO

La pérdida es una parte de la vida. Con el paso de los años he perdido a varias personas que amaba. Nada puede traerlas de vuelta, pero cuando pienso en ellas, en sus valores y en sus virtudes, mantengo su espíritu vivo dentro de mí y eso es un sentimiento muy preciado. Por eso es importante apreciar cada momento preciado que tenemos con nuestros seres queridos.

Meta: Enciende una vela o reza una oración por alguien que amaste y que ya no está contigo.

27 de mayo

En este momento estoy exactamente donde debo estar.

Me resistía a todo y no confiaba en mi poder superior. Con mi rehabilitación y mi voluntad de cambiar, ahora sé que estoy exactamente donde debo estar. Mi felicidad está en el momento presente.

Meta: Piensa dónde estás en tu vida, tus metas, tus relaciones, tu carrera profesional, y siéntete dichosa por lo que has logrado en la vida.

28 de mayo

Tus padres pueden darte buenos
consejos o encaminarte por el sendero
adecuado, pero la formación completa
de tu carácter depende solo de ti.

—ANA FRANK

Una gran parte de mi viaje ha sido guiado por mis padres, con sus virtudes y sus defectos. Después de mi rehabilitación, y según maduraba, comprendí que puedo aprender de mis padres, pero que de mí depende cómo llevar adelante mi vida.

Meta: Da las gracias a tus padres por haberte dado el don de la vida y por haber hecho lo mejor que han podido.

29 de mayo

La humildad no es pensar menos de ti, sino pensar menos en ti.

—C. S. LEWIS

Muchas personas se muestran aprensivas en ofrecer dinero a una persona desamparada. Sin embargo, puedes comprarle una botella de agua o algo de comer para que se sostenga. Una vez vi a un hombre desamparado en la calle, y me acordé de que tenía algo de comer en mi bolso. Me acerqué a él y le dije: "No quiero ofenderle, pero si tiene hambre, le puedo ofrecer esto". Reaccionó como si se hubiese ganado la lotería. No podía imaginarme cómo un acto tan sencillo, le causó tanta emoción.

Meta: Haz algo hoy por ayudar a una persona desamparada o necesitada.

30 de mayo

La creatividad no se termina:
cuánto más la usas, más aumenta.

——MAYA ANGELOU

Recuerdo que después de escribir mis primeras canciones me preocupé porque a lo mejor no se me ocurrirían otras. En ese entonces no entendí que la única manera de aumentar la creatividad es seguir creando.

Meta: No seas cautelosa con tu creatividad, derróchala. Parte de ella dará frutos extraordinarios y otra parte los dará mediocres, pero no te detengas jamás.

31 de mayo

Estás destinado a ser hijo de Dios.

—ANÓNIMO

Todos y cada uno de nosotros estamos en la Tierra por alguna razón. No hay dos personas iguales. Hemos sido creados para lograr lo que vinimos a hacer en este mundo. Eres preciosa, eres única, eres especial, así que no permitas que nadie te diga lo contrario.

Meta: Celebra lo que te hace especial y única.

Junio

1 de junio

El acto que requiere más coraje, es el
de pensar por uno mismo. En voz alta.

—COCO CHANEL

Cada uno de nosotros nace con un don único y extraordinario que no solo está destinado a cambiar nuestras vidas, sino el mundo que nos rodea. Sé que es cierto porque lo he comprobado en el transcurso de mi vida. Sea cual sea tu fortaleza, es posible que otras personas quisieran tenerla también. Usa tus dones sabiamente y te asombrará lo mucho que puedes inspirar a otros.

Meta: Inspira hoy a alguien simplemente siendo tú misma.

2 de junio

Nadie es perfecto, pero todos podemos esforzarnos por ser mejores.

La vida es un viaje y un proceso que nos presenta constantemente nuevas oportunidades de crecer y de evolucionar. Cada día y cada año nos ofrecen la oportunidad de ser más fuertes, más felices y más compasivos.

Meta: Intenta mejorarte a ti misma, se una inspiración para los que te rodean.

3 de junio

"Para siempre" está compuesto de "ahoras".

—EMILY DICKINSON

Deja de buscar esa nueva gran oportunidad. Está justo delante de ti. El siguiente momento llegará a su debido tiempo, mientras que estés en el presente. Es parte de la naturaleza humana el pensar en todo lo que ansiamos en la vida: hacia dónde vamos y lo que dejamos atrás. Concéntrate en donde estás ahora y en lo que tienes.

Meta: Vive el momento en que estás y atesóralo en tu memoria.

Todo lo que necesitas lo tienes dentro de ti. La clave es vivir con sinceridad para que puedas conectarte con la persona que realmente eres.

Una gran parte de mi rehabilitación consistió en comprender que yo tenía esas respuestas que buscaba, al igual que la paz interior que deseaba. Cuando finalmente somos conscientes de ello, sentimos un gran alivio.

Meta: Ponte frente al espejo y dite a ti misma: "Todo lo que necesito está dentro de mí".

5 de junio

Nuestro miedo más grande no es no ser
capaces. Nuestro miedo más grande es que
somos enormemente poderosos. Es la luz,
no la oscuridad, lo que más nos asusta.

—MARIANNE WILLIAMSON

Puede que nos atemorice el descubrir lo que somos capaces de
hacer en este mundo. Cada uno de nosotros nace con un poder
propio, inherente, para lograr cosas extraordinarias en la vida.
Dicen que un gran poder conlleva una gran responsabilidad, así
que acepta la responsabilidad de hacer algo maravilloso con tu
vida y disfrútalo.

Meta: Usa lo que tienes, incluyendo todos tus recursos, para
hacer algo importante hoy.

6 de junio

No llores porque terminó;
sonríe porque sucedió.

—DR. SEUSS

Habrá momentos en que algo bueno llegue a su fin. En lugar de pensar en que ha terminado, alégrate de que haya ocurrido. Una vez, visité África con mi familia y mis amigos. Cuando llegó la hora de partir, todos estábamos tristes y llorando. Sin embargo, ahora puedo pensar, sin derramar lágrimas, en ese viaje y en ese lugar tan maravilloso, al que espero regresar algún día.

Meta: Piensa en un momento feliz de tu vida y agradece la dicha que te ocasionó. Reflexiona en todos los momentos felices del pasado.

7 de junio

Soy mitad agonía, mitad esperanza.

—JANE AUSTEN

Es importante para todos tener un sistema de apoyo sólido. Ha habido momentos en los que tuve que enfrentarme a realidades duras, pero lo que me ayudó a ver la felicidad de nuevo fue la fe que mis fans depositaron en mí, y la esperanza que me dieron. Descubrí que tengo mucho apoyo de mis fans y de las personas que me rodean, y eso me hace muy feliz.

Meta: Da esperanza a quienes luchan. Diles que estás ahí para apoyarlos.

8 de junio

El amor no significa un estado de perfección.
Es un sustantivo de acción, como *lucha*.
Amar a alguien es esforzarse por aceptar a
esa persona tal y como es, aquí y ahora.

—FRED ROGERS, *Mister Rogers' Neighborhood*

Una de las cosas más difíciles de las relaciones es aceptar a las personas tal como son. Muchas veces he querido cambiar algo que me molesta de un amigo o de un ser querido, pero entonces recuerdo que nadie es perfecto, incluso yo.

Meta: Antes de criticar a nadie, recuerda que nadie es perfecto, y tú tampoco.

9 de junio

En un mundo con tanto odio, algunos prefieren morir antes de ser quienes son.

—MACKLEMORE, "SAME LOVE"

Muchos jóvenes se quitan la vida porque sus acosadores los hacen sentir que no valen nada. Conozco de primera mano lo destructivo, lo devastador que puede ser cuando jóvenes te dicen cosas verdaderamente horribles. Con el ciberacoso se sienten todavía más libres, porque se esconden detrás de sus computadoras para decir las cosas más odiosas. Depende de todos y de cada uno de nosotros salir en defensa de quien es acosado y maltratado con palabras crueles.

Meta: Sal en defensa de alguien y asegúrate de que sepa lo valioso que es para el mundo.

10 de junio

No esperes que otras personas te hagan feliz. La felicidad depende de ti.

—ALICE WALKER

No se puede amar plenamente a nadie hasta que no te amas a ti misma. Por mucha emoción que te cause tener una pareja, al final del día, si no te sientes feliz contigo misma, el hecho de tener novio o novia no cambiará nada. Compartes con tu pareja las horas que estás despierta, pero recuerda que cada noche es tu conciencia, no la del otro, la que se duerme sobre tu almohada.

Meta: Ya sea si estás sola o tienes pareja, haz tiempo para estrechar los lazos afectivos contigo misma y para conocerte mejor.

11 de junio

No mereces tener un punto de vista
si lo único que ves eres tú.

—PARAMORE, "PLAYING GOD"

Hay muchas personas que andan por ahí con grandes egos, sintiéndose más virtuosos y más importantes que los demás. No importa de dónde vienes o quién crees que eres, todos somos seres humanos con un corazón palpitante. Muchas veces, la gente juzga a otros y asume que tiene la razón, pero no siempre puedes pensar que tu punto de vista es el correcto. Hay tantas personas diferentes en el mundo y si crees que tu opinión es la correcta, entonces vives encerrada en una burbuja.

Meta: Piénsalo dos veces antes de juzgar a alguien, ponte en su lugar y recuerda que esa persona tiene derecho a sus opiniones, a su forma de ver la vida, a ver el mundo de una manera diferente.

12 de junio

Nuestro destino no está escrito en las estrellas, sino en nosotros mismos.

—WILLIAM SHAKESPEARE

Siempre tenemos varias opciones en la vida. Nosotros creamos las oportunidades y debemos encontrar la manera de lograr nuestro destino. No sabemos lo que podemos conseguir si no lo intentamos.

Meta: No dejes algo importante a la suerte. Toma el control y logra el resultado que deseas.

13 de junio

Sin amor propio o sin aceptarme mí misma no estaría en ninguna parte.

Aprender a amarte y aceptarte a ti misma, no es fácil. Aprendí mucho acerca de mí, durante mi tratamiento y mi rehabilitación. Descubrí el poder de amarse y aceptarse a uno mismo. Continúo aprendiendo esta lección todos los días. A fin de cuenta, tengo que amarme a mí misma antes de que otra persona pueda amarme. Aprender esto, no fue fácil, pero ha representado una gran diferencia para mí.

Meta: Encuentra ese lado tuyo que más te disgusta y comienza a aceptarlo.

14 de junio

Yo soy inmenso y contengo multitudes.

—WALT WHITMAN

Una de las razones por las que fui tan infeliz durante años era porque no aceptaba mis sentimientos y trataba de mantenerme en control. Al principio no me daba cuenta, pero la situación empeoraba al no darle la debida atención. Lo que pensaba que me mantenía cuerda, en realidad me confundía y hacía que me sintiera completamente fuera de control. Cuando empecé a aceptar mis sentimientos, empecé a sentirme íntegra nuevamente.

Meta: ¿De qué sentimiento huyes? Para, respira profundamente y siente esa sensación. Tal vez al principio te sientas peor, pero después notarás un gran alivio.

15 de junio

Descubrirás que es necesario deshacerte
de algunas cosas sencillamente
porque son pesadas.

—C. JOYBELL C.

Cada día trae nuevas oportunidades para crecer, y parte de ese crecimiento significa aceptar que hay ciertas cosas que no podemos cambiar. Cuando nos aferramos o nos obsesionamos por cosas que no podemos cambiar, perdemos el camino.

Cuando las aceptamos tal como son, liberamos nuestros corazones, mentes y cuerpos por algo aún más grande. Cuando recuperé ese espacio en mi corazón, empezaron a ocurrirme cosas maravillosas.

Meta: No te aferres a una cosa o a una persona tóxica: déjala ir. Si es necesario, tira esa cosa a la que te has aferrado y deshazte de ella, o escribe una carta a esa persona que quieres dejar.

16 de junio

A menudo buscamos fuera de nosotros mismos las respuestas, la felicidad, la oportunidad de sentirnos personas íntegras.

Me doy cuenta ahora de que cuando mis adicciones me consumían, buscaba las respuestas, la felicidad, la paz y el amor fuera de mí misma. No sabía entonces que eso me causaba tanto daño. Durante mi rehabilitación aprendí que tengo que encontrar las respuestas y la fuerza en mi interior.

Meta: Piensa en lo que realmente quieres y no en lo que los demás esperan de ti.

17 de junio

Haz solo lo que te dicte el corazón.

——PRINCESA DIANA

Hay muchos momentos en la vida cuando nos debatimos al tomar decisiones, ya sean pequeñas o grandes. Nuestro corazón puede que nos dicte una cosa, nuestra mente otra, y nuestros amigos algo completamente diferente. Es importante considerar todas las opciones y hacer lo que te dicte el corazón. No hagas simplemente lo que te dicen tus amigos, toma la decisión basada en tu intuición.

Meta: La próxima vez que tengas que tomar una decisión, considera todas tus opciones, principalmente la que te dicta tu corazón.

18 de junio

Haz aunque sea solo una vez lo que otros dicen que no puedes hacer, y ya nunca más prestarás atención a sus limitaciones.

—EL CAPITÁN JAMES R. COOK

Uno de los mejores sentimientos del mundo es el que sientes cuando le demuestras a alguien que no creía en ti de lo que eres capaz. La primera vez que experimentas este increíble sentimiento comprendes que es una pérdida de tiempo escuchar a las personas que te dicen lo que no eres capaz de hacer. Es mejor emplear tu tiempo mostrándoles y enseñándote a ti misma, lo que *puedes* hacer. El cielo es el límite, no lo olvides.

Meta: Haz una cosa que alguien te haya dicho siempre que no puedes hacer.

19 de junio

El dolor, el sufrimiento y la tristeza vienen acompañados de oportunidades para crecer y cambiar, siempre y cuando seamos receptivos.

Cuando tu fe y tu fortaleza se ponen a prueba, tienes una increíble oportunidad de crecer, y de ti depende cómo aprovecharla. A veces es difícil pedir ayuda, pero es bueno recibirla. Me he hecho la promesa de que en tiempos difíciles pediré ayuda y aceptaré esa parte de mi viaje con la mente abierta. Sé que estos tropiezos son una manera de fortalecerme y de reafirmar mi fe, pero para eso tengo que estar dispuesta a aceptar la ayuda de otros.

Meta: Si estás pasando por un momento doloroso, abre tu mente y pide ayuda. No tienes por qué enfrentarte sola a los problemas, tienes muchos recursos para pedir ayuda a tu alcance.

20 de junio

La felicidad no depende de lo que tienes
o de quien eres; depende únicamente
de la manera que piensas.

—BUDA

Cada uno de nosotros tiene el poder de experimentar una alegría profunda, pero a veces eso requiere trabajo. Si estás triste, examina tus pensamientos, escríbelos incluso, para ver de qué manera tú ves la vida. Si encuentras que tus pensamientos son más negativos que positivos, tienes que hacer un esfuerzo consciente para empezar a cambiarlos.

Meta: Haz una lista de todos tus pensamientos negativos y luego anota, al lado de cada uno, el pensamiento opuesto. Ponte de pie frente a un espejo y lee los pensamientos positivos en voz alta, para ti misma.

21 de junio

Estás aquí por una razón.

Aprovecha tus dones.

Usa los dones que has recibido para hacer del mundo un lugar mejor. Nadie más tiene lo que lo que tú tienes, así que utiliza tus pensamientos e ideas para cambiar el mundo. Nunca sabrás cómo puedes impactar al mundo a menos que creas en ti y trates de hacer una diferencia.

Meta: Adopta las causas que más te importan y haz algo por ayudarlas o beneficiarlas.

El dolor pasa, pero la belleza permanece.

—PIERRE-AUGUSTE RENOIR

Cuando atravesamos tiempos difíciles cuesta imaginarnos otra cosa que la espiral donde nos encontramos, pero siempre hay una luz al final del túnel. Aprendí que el dolor pasa, pero la belleza que emana de tu transformación dura para siempre. Llegará el día que puedas mirar hacia atrás y apreciar lo que has aprendido.

Meta: No te ahogues en el dolor, éste pasará.

23 de junio

Muchos de nosotros no vivimos nuestros sueños porque vivimos nuestros miedos.

—LES BROWN

El miedo te impide lograr todas las cosas posibles. No dejes que se interponga en tu camino, especialmente en el de tus sueños. ¿Sabías que MIEDO es en realidad un acrónimo que significa Me Invaden Emociones Dañinas Ocultas. En otras palabras, tus miedos son emociones infundadas en cosas que no han sucedido y que por consiguiente no existen.

Meta: Sustituye el miedo por un deseo o por un sueño para tu vida y concéntrate en eso.

24 de junio

En lo que pensamos nos convertimos.

—BUDA

Nuestros pensamientos son tan poderosos que siempre debemos estar atentos a lo que nos decimos. Tenemos el poder de manifestar cualquier cosa con el poder de nuestros pensamientos. A menudo, podemos caer en un patrón de pensamientos negativos, y sin darnos cuenta atraemos esos pensamientos a nuestras vidas. Lo bueno es que también funciona para los pensamientos positivos. Si pensamos en las cosas maravillosas de nuestra vida, subconscientemente las atraemos con la energía de nuestra perspectiva.

Meta: Asegúrate hoy de que tus pensamientos van de acuerdo a tus sueños. Suprime los pensamientos que te deprimen.

25 de junio

Elijo no ser una víctima.

Sería muy fácil para mí hacerme la víctima con todo lo que me ha pasado en la vida, pero eso no me ayuda ni inspira a nadie. Es mi decisión dejar que mis experiencias me enseñen y me den el poder de ayudar a otros.

Meta: Piensa en algo traumático que te ha sucedido en la vida y busca la manera de usar la experiencia para el bien común.

26 de junio

Sé amable con los *nerds*; es posible que acabes trabajando para uno.

—BILL GATES

Trata a los demás con la misma cortesía que te gustaría que te trataran a ti. La posición social de una persona, o cualquier otro nivel que tenga, no debe influir en la manera que tratas a esa persona. Siempre debes tratar a todas las personas con amabilidad y respeto.

Meta: Nunca asumas que alguien es inferior a ti, o terminarás siendo menos que ese alguien.

27 de junio

Si no sabes adónde vas,
cualquier camino es bueno.

—LEWIS CARROLL

Es más importante tener la voluntad de crecer y de estar abiertos a las infinitas posibilidades, que saber exactamente adónde vamos. Eso puede cambiar a medida que tú que cambies.

Meta: Mantente abierta a las posibilidades que se te presenten. Nunca sabes cuándo aparecerá el éxito y la dicha.

Si no te amas a ti misma, con todos tus defectos e imperfecciones, no puedes esperar que otra persona lo haga.

A veces lo que más nos causa inseguridad, es precisamente la característica que otros admiran en nosotros. No tienes por qué ser como todo el mundo. Cada uno de nosotros estamos hechos de manera diferente, así que encuentra cualquier defecto o imperfección que tengas y comienza a aceptarla, porque es parte de ti.

Meta: Siéntete orgullosa de tu originalidad. No hay nadie más en el mundo como tú.

Rodéate solo de gente con la que puedas comunicarte.

La comunicación es vital en las relaciones. Hay personas con personalidades que no compaginan con la tuya; no pierdas el tiempo tratando de averiguar por qué. Ve donde te quieren, te comprenden, y todo lo demás encajará en su sitio.

Meta: Si hay alguien en tu vida con quien tienes problemas de comunicación, trata de resolverlo. Procura que el tono de tu voz proyecte el amor y el respeto necesarios para lograr una conexión.

30 de junio

Debemos olvidarnos de la vida que hemos planeado, a fin de aceptar la que nos espera.

—JOSEPH CAMPBELL

Es bueno tener ideas, planes y sueños, pero no a veces salen como tú esperas. Si llenas tu cabeza de grandiosos planes, puede que sufras una gran decepción. Es mejor estar preparados para aceptar cualquier probabilidad.

Meta: Puede resultar difícil, pero acepta lo que la vida te ofrece.

Julio

1 de julio

La vida es corta, así que tienes que hacer lo que te gusta. No hay tiempo que perder.

Recuerdo muy bien que a los cinco años deseaba ser una superestrella: la nueva Shirley Temple. Me encantaba cantar, bailar y actuar, y estaba decidida a conseguirlo. Agradezco el haber empezado a soñar a una edad tan temprana, porque eso me permitió concentrarme en lo que quería. Sea cual sea tu edad, tienes que perseguir ese sueño hasta lograrlo. Los sueños no se hacen realidad porque te sientes a esperarlos. No saldrá siempre perfecto, no será exactamente lo que te imaginabas, pero tienes que hacer lo que te hace feliz.

Meta: No sigas aplazando un sueño importante. Esfuérzate por hacerlo realidad.

2 de julio

Cuando vemos a hombres de un carácter opuesto al nuestro, debemos mirar en nuestro interior para examinarnos.

—CONFUCIO

A veces, cuando las acciones o el comportamiento de los demás nos disgustan, es un reflejo de algo de nuestro propio carácter que no nos gusta. Tenemos la tendencia de ver reflejados en otras personas nuestros sentimientos y luchas. Si logramos aceptar y enfrentar nuestros problemas, no tendremos necesidad de proyectarlos en otros. Resulta interesante descubrir la respuesta cuando profundizamos y nos preguntamos qué en realidad nos molesta.

Meta: ¿Qué característica de un amigo o de un familiar te molesta? Piensa si esa característica tiene también alguna relación contigo y comienza a corregirla.

3 de julio

Todos los niños son artistas. Lo difícil
es que sigan siéndolo de mayores.

——PABLO PICASSO

Mantener el sentido de la inocencia, de la infancia y de la libertad
es vital para ser feliz. Todos somos artistas, con la capacidad de
crear y de dar forma a nuestras vidas. Recuérdalo, y no pierdas
nunca aquella maravillosa y despreocupada curiosidad de la
infancia acerca de ti misma y del mundo que te rodea.

Meta: Crecer no significa renunciar a tus aficiones. Haz
tiempo para las cosas que te hacen disfrutar.

4 de julio

Ser libre no consiste solo en romper tus cadenas, sino en vivir de una forma que respete y afirme la libertad de los otros.

—NELSON MANDELA

Para vivir con sinceridad y honestidad es preciso asegurarnos de que quienes te rodean disfrutan de la misma libertad física y emocional que tú. Afortunadamente vivimos en un país libre, pero a diario ocurren injusticias sociales, no solo en Estados Unidos sino en todo el mundo. Es parte de nuestra responsabilidad, como seres humanos compasivos, hacer todo lo posible por asegurar y reafirmar la libertad de los demás.

Meta: No des por hecho tu libertad, agradécela y ayuda a los que no la tienen a conseguirla también.

5 de julio

La mejor medicina para la vergüenza es la capacidad de reírse de uno mismo.

Me he caído en el escenario muchas veces. La verdad es que soy un poco torpe y es algo que he aprendido a aceptar e incluso a apreciar. Cada vez que me caigo puedo elegir entre avergonzarme y salir corriendo o ponerme de pie tranquilamente, posar y sonreír. Si consigo que el público se ría conmigo antes de que se ría de mí, entonces la caída no duele.

Meta: Ríete de ti misma. No te tomes todo tan en serio.

6 de julio

La oración no es un simple pasatiempo de una anciana. Bien entendida y empleada, es la más poderosa herramienta de acción.

—MAHATMA GANDHI

Mucha gente piensa que para rezar tenemos que hacerlo en una iglesia, sinagoga o mezquita. Cuando yo rezo hablo con Dios como si fuese mi mejor amigo. No oculto lo que siento, ni espero a estar en un lugar sagrado. Sé que en cualquier lugar que me encuentre, voy a ser escuchada. Incluso si no crees en Dios y le rezas al universo, estás siendo sincera contigo misma. Al poner tu energía en el mundo demuestras que aceptas cambiar, aprender y recibir ayuda si fuera necesario.

Meta: Di una oración a tu manera, pide la ayuda o la sabiduría necesaria para remediar alguna situación por la que atraviesas.

Cuando contamos nuestras alegrías en vez de nuestras penas todo cambia para mejor.

Después del tratamiento comprendí que tenía que cambiar mi manera de pensar sobre muchas cosas. Uno de los cambios más significativos fue el de concentrarme en lo que tenía, en lugar de lo que no tenía. Mientras más me concentré en todo que tenía, en las cosas y en las personas por las que debía estar agradecida, más se multiplicaron estas bendiciones. Cuando empiezas a visualizar y a cultivar imágenes positivas en tu mente, el cambio se produce como por arte de magia. Es el poder de la gratitud.

Meta: Haz una lista de las cinco personas más importantes en tu vida a quienes puedes recurrir para lo que sea.

Nadie merece nada menos que ser amado.

Nos merecemos sentir el amor en todas sus formas. Las personas que se comportan de una manera odiosa, posiblemente no recibieron afecto y cariño durante su infancia y adolescencia. Depende de todos y cada uno de nosotros asegurarnos de que damos a las personas que nos rodean el mismo cariño que nos damos a nosotros mismos. No debemos buscar la compañía de personas rencorosas y tóxicas, pero sí podemos transmitirles pensamientos positivos.

Meta: Agradece que eres capaz de sentir, experimentar, dar y recibir amor. Es una bendición.

9 de julio

Si alguna persona piensa que la paz y
el amor son tan solo un cliché que debió
dejarse atrás en los años sesenta, es su
problema. La paz y el amor son eternos.

—JOHN LENNON

A veces pienso que me hubiera gustado haber vivido en los sesenta, porque fue una época increíble para el mundo de la música, los derechos civiles, la moda, la política y la cultura. Pero uno de los aspectos más inspiradores de esa época fue el movimiento por la paz. Ver a tanta gente de distintas generaciones unidas en favor de la paz y el amor es algo hermoso y alentador. Rezo y confío que podamos continuar practicando la tolerancia, la bondad, la compasión, la paz y el amor todos los días de nuestra vida. Ahora lo necesitamos más que nunca, y es responsabilidad de todos practicar y difundir esos valores.

Meta: Difunde el mensaje de la paz y el amor por dondequiera que vayas.

10 de julio

Busca tu dicha y el universo abrirá puertas donde solo había muros.

—JOSEPH CAMPBELL

En un mundo plagado de retos y de incógnitas, la regla de oro para mí es dedicarme a lo que me hace feliz. El mundo se abre de manera imprevista cuando te atreves a pensar en todas las posibilidades. Haz lo que te hace feliz y las cosas buenas llegarán.

Meta: Haz las cosas que te dan mayor satisfacción y felicidad.

11 de julio

El llanto proporciona consuelo.
Las lágrimas alivian y se llevan las penas.

—OVIDIO

No importa lo fuerte o lo dura que te consideres, todos necesitamos dar rienda suelta a nuestras emociones. Algunos lloran mucho y otros poco. Cuando necesito llorar y lo hago, me siento como nueva. Para mí es una forma de liberación, de expresar mi tristeza.

Meta: No es saludable reprimir las emociones fuertes, déjalas brotar.

12 de julio

Cuando un hombre duerme,
solo percibe sueños.

—TUPAC

Tienes que trabajar duro para conseguir lo que deseas, o tus sueños no se harán realidad. No puedes sentarte a esperar que pase algo. Dios ayuda a quien se ayuda, y solo así se logra el triunfo.

Meta: Todos y cada uno de nosotros tenemos un propósito; asegúrate de lograr tus sueños.

13 de julio

Adelante. No temas caerte. El mundo
se ve distinto visto desde el suelo.

—OPRAH WINFREY

Fracasar, errar, aprender y volver a comenzar, forman parte de la
vida. Si yo hubiera considerado mi rehabilitación como una señal
de fracaso, hoy no estaría donde estoy. Por el contrario, tomé la
decisión de enfrentarme a mis problemas, de empezar de nuevo y
salir adelante. Hubo momentos en los que hubiera sido más fácil
darme por vencida y abandonarlo todo, pero a veces tenemos
que tocar fondo para ver la salida. Nuestros fracasos no nos
definen, nos forman y nos fortalecen.

Meta: Piensa en cómo tus fracasos te han mejorado como
persona.

La gratitud es la clave de la felicidad.

Estoy muy agradecida a todos mis amigos, familiares y fans porque me han ayudado a mantenerme firme en el camino hacia mi recuperación. Siento una profunda gratitud hacia todos los que me han dado fuerza para seguir recuperándome y salir adelante.

Meta: Agradece hoy a todas las personas que te rodean por ser parte de tu vida, y especialmente a quienes te han apoyado en los momentos más difíciles.

Nunca te disculpes por tu existencia.

Muchas veces las personas piden disculpas sin necesidad. Todos lo hacemos. Cuando asustamos a alguien sin querer o cuando alguien tropieza contigo, pedimos perdón aunque la culpa no sea nuestra. Lo hacemos por cortesía pero, en realidad, si lo piensas, es un acto de reflexión porque pensamos que no somos dignos de estar donde estamos. Tienes derecho al lugar que ocupas en el mundo, sea cual sea.

Meta: Siéntete orgullosa del lugar que ocupas y de lo lejos que has llegado en tu viaje. Estás exactamente donde debes estar.

16 de julio

A veces hay que mentir, pero a ti misma siempre debes decirte la verdad.

—LOUISE FITZHUGH

No te sientas mal si cometes un error; sucedió en el pasado y no puedes volver atrás para corregirlo. Admite, eso sí, que te equivocaste, de lo contrario sí habrás hecho algo indebido. Todos compartimos esta vida, todos aprendemos sobre la marcha, por eso hay que admitir cuando cometemos un error, incluso si no es intencional. Asúmelo, discúlpate, libérate y sigue adelante.

Meta: Pide disculpas por algún error que hayas cometido recientemente, ya sea grande o pequeño.

17 de julio

Actúa como si llevaras una corona puesta.

—DESCONOCIDO

Cuando ponemos tanto esfuerzo en nuestro trabajo, es importante que salga lo mejor posible. No importa lo que los demás piensen de tu trabajo, lo importante es celebrar tus logros y tu creatividad, y parte de esa creatividad es la de mejorar con la práctica y la experiencia. Cada nuevo proyecto te saldrá mejor que el anterior. No se trata de aspirar a la perfección, sino de mejorar.

Meta: No te olvides de reconocer tu trabajo, perseverancia y creatividad.

18 de julio

No te rindas a tus miedos, si lo haces no serás capaz de hablarle a tu corazón.

—PAULO COELHO

El amor ilumina todas las cosas. El miedo distorsiona la realidad, llena tu mente de negatividad y te da una excusa para ocultarte detrás de tu corazón. Todos sentimos miedo en algún momento, pero se necesita fuerza para superarlo y seguir a tu corazón.

Meta: Escucha a tu corazón y confía en tu instinto.

De la vida obtienes lo que te atreves a pedirle.

—OPRAH WINFREY

Las personas entran y salen de tu vida. No todo el mundo sabrá cómo complacerte, pero no te obsesiones con eso. Las personas que se quedan a tu lado son las que te aprecian y te hacen sentir bien. Sin embargo, no cuentes con otros para hacerte feliz, porque si lo haces es posible que recibas una decepción.

Meta: Si alguien te ha decepcionado, pregúntate: "¿Me importará eso dentro de un año?". Te ayudará a reflexionar y ganar otra perspectiva.

20 de julio

Cada persona tiene sus penas secretas que el mundo ignora, y muchas veces decimos que alguien es frío, cuando solo está triste.

—HENRY WADSWORTH LONGFELLOW

No tomes las cosas como algo personal. Lo que las personas dicen y hacen no está relacionado contigo, es simplemente una proyección de cómo ellos se sienten. Si la gente es amable contigo, es porque ellos se tratan bien y se quieren a sí mismos. Si te tratan mal, de palabras y hechos, no es porque tú has hecho algo malo, sino porque ellos sufren. Ten compasión con esas personas porque en realidad desconocemos cuál es su situación.

Meta: La próxima vez que alguien te diga algo que te duela, piensa que sus palabras son gotas de agua que resbalan sobre ti y se precipitan al suelo.

21 de julio

Todos los niños necesitan ayuda, esperanza, y alguien que crea en ellos.

—MAGIC JOHNSON

La esperanza es un regalo muy poderoso para dar a los niños. Muchos niños provienen de hogares rotos, privados de amor, de apoyo emocional y de protección. Si das a un niño esperanza, él verá que todos los sueños son posibles.

Meta: Sal de tu mundo y trabaja de voluntaria con niños menos afortunados que tú.

22 de julio

No todo lo que se afronta se resuelve, pero nada se resuelve, si no se afronta.

—JAMES BALDWIN

El acoso ha provocado en mi vida un inmenso dolor y daño. No obstante, la experiencia ha contribuido a formarme. Hubo un tiempo en que dejé que el dolor me definiera. Fue importante encontrar un equilibrio entre aceptarlo y superarlo. Di un gran paso cuando me enfrenté a la joven que me acosó, y le expliqué cuánto sus palabras me habían herido y me hicieron sentir sin valor alguno. Sus insultos me ocasionaron serios problemas emocionales y físicos que todavía estoy superando. Sin embargo, ella apenas recordaba sus acciones y estaba convencida de que el éxito me había hecho olvidar todo. Me sorprendió mucho ver las dos diferentes perspectivas, pero sobre todo sentí que me quitaba un gran peso de encima. La perdoné, lo que me hizo sentir más fuerte y más libre, y eso era precisamente lo que yo necesitaba.

Meta: Piensa en alguna persona de tu pasado que te haya herido, ten compasión y pasa por alto sus defectos.

23 de julio

Es más fácil prevenir los malos hábitos que dejarlos.

—BENJAMIN FRANKLIN

Este es el momento de dejar los malos hábitos. Solo impiden tu recuperación. A veces, no nos damos cuenta de nuestros malos hábitos y el impacto que tienen en nosotros. Tenemos temor de dejarlos, pero este es el preciso momento de hacerlo.

Meta: Haz una relación de tus hábitos y piensa si afectan tu vida de una manera positiva.

Al final todo sale bien; si no sale bien,
no es el final.

—ANÓNIMO

Cuando atraviesas momentos difíciles, quizás pienses que la vida no vale la pena, pero te equivocas.

Cuando empecé mi tratamiento, estaba convencida de que mi vida había terminado, de que no iba a tener una carrera, y que las personas me detestarían.

Pensé que era el fin, pero en realidad fue el primer día del resto de mi vida. No importa por la situación que atravieses, puedes empezar de nuevo y encontrar algo positivo y maravilloso en ese nuevo comienzo.

Meta: Tómate el tiempo necesario para procesar y entender lo que te pasa. Nunca es demasiado tarde para volver a empezar.

25 de julio

Tu pasión es infinita.

Si conectas con la pasión que llevas dentro, no hay limitaciones. La pasión es la fuerza que impulsa cualquier obra. De ti depende hacer de tu vida algo bello, tu mejor obra.

Meta: Recuerda que si trabajas duro puedes lograr lo que deseas.

26 de julio

Pon tu granito de arena para mejorar este mundo.

Creo firmemente que hay que mejorar el mundo para las generaciones futuras. Al ser una figura pública, he tenido muchas oportunidades de agradecer, en parte, el éxito que he tenido, haciendo trabajos voluntarios y habiendo podido tocar la vida de tantas personas que he encontrado a mi paso. He tenido el privilegio de defender tanto a niños como a adultos, de todo el mundo, que sufren acoso escolar, trastornos alimenticios y problemas de salud mental. Todos tenemos causas con las que nos identificamos; elige la que está más cerca de tu corazón y haz algo para hacer una diferencia.

Meta: Marca el número de una organización sin ánimo de lucro y ofrécete de voluntaria.

27 de julio

El éxito es cuando llegas a ser
quien realmente eres.

—ANÓNIMO

Una de las cosas más difíciles de la vida es descubrir quién eres y
cuál es tu propósito en la vida. Si has emprendido el camino para
averiguarlo, ya has logrado un éxito porque has llegado más lejos
que la mayoría de las personas.

Meta: Ayuda a un amigo que se siente perdido. Tal vez
puedas encaminarlo para que descubra su propia identidad.

28 de julio

Nadie es tan poderoso como
nosotros creemos que son.

—ALICE WALKER

Casi todos nos escondemos, en algún momento, detrás de un
personaje de ficción o de la mitología. Para mí, fue Cenicienta.
Cenicienta vivía a la sombra de sus hermanas y se veía obligada a
servirlas, pero un día su triste existencia se transformó en algo
maravilloso. De pequeña, me conocían como la hermana de
Dallas Lovato, y aunque ella nunca hizo nada para que yo me
sintiera de esa manera, en realidad, siempre sentí que vivía bajo
su sombra. Me sentía muy orgullosa de mi hermana, pero ante su
presencia me acomplejaba. Me ha costado mucho entender que
soy capaz de brillar por mi cuenta. Ahora sé que la superación de
ese obstáculo formaba parte de mi viaje, cuya meta consiste en
amarte a ti misma. Hoy tengo una buena relación con mi hermana
gracias a que dejé de sentir celos de ella.

Meta: No dejes que nadie te haga sombra. Independízate y
ámate a ti misma.

29 de julio

Ten siempre esperanza. La mejor
sensación del mundo es saber
que hay infinitas posibilidades.

—ANÓNIMO

En los momentos más difíciles puedes ver un rayo de luz y
encontrar una chispa de esperanza. Aférrate a esa esperanza y
déjate motivar por todas las posibilidades a tu alcance.

Meta: Si te deprimes, busca un destello de esperanza en tu
interior y deja que tu mente vuele con la promesa de lo que está
por venir.

30 de julio

Esto también pasará.

—ANÓNIMO

Al reflexionar sobre algunas de mis experiencias dolorosas,me doy cuenta de lo difícil que es superar la tristeza y el dolor. Reconozco que el tiempo no cura todas las heridas, pero sí las amortigua. Puede que tome su tiempo, pero te aseguro que llegarás a sentirte mejor y a aceptar lo sucedido.

Meta: Aunque hoy te sientas mal por algo, piensa que las cosas van a mejorar y deja que eso te consuele por ahora, porque la mejoría no tardará en llegar.

31 de julio

Sé tú mismo; los demás puestos ya están ocupados.

—OSCAR WILDE

Todos pasamos por momentos en que nos sentimos perdidos. Nos fijamos en alguna amiga, alguna colega, alguien con quien compartimos vivienda, o incluso alguna persona extraña, y pensamos que para ser felices deberíamos ser como ellas o dejar de ser quienes somos. Te aseguro que eso no te traerá felicidad, todo lo contrario. Una cosa es sentirse inspirada o dejarte influenciar por alguien refinado, educado y con buenos valores; otra cosa es pensar que convirtiéndote en otra persona vas a ser más feliz.

Meta: Se tú misma, hoy y todos los días.

Agosto

1 de agosto

La esperanza puede hacerte superar cualquier cosa.

Muchas veces me he sentido perdida, destrozada, confundida, llena de dolor. Todos mis altibajos me han enseñado que siempre hay que tener fe. Ahora sé que mientras mantenga mi esperanza y mi fe, siempre estaré bien.

Meta: Piensa en algún momento en que te sentiste desesperada y recuerda cómo llegaste a superarlo. Aplícalo a futuros problemas. Ten la seguridad de que puedes hacerlo.

El amor es la respuesta, y lo sabemos bien.
El amor es una flor que hay que dejar crecer.

—JOHN LENNON, "MIND GAMES"

Todas las relaciones necesitan amor y respeto, y cultivarlas toma su tiempo. Asegúrate de cuidar la relación que tienes contigo misma, con tu familia y con tus amigos. No es suficiente decir que los quieres. Tienes que dedicarle tiempo y esfuerzo y demostrar tu amor a través de las palabras y de las acciones.

Meta: Demuéstrale a alguien que lo amas con tus acciones. A veces decir te amo no basta.

Se necesita valor para crecer y para
convertirse en quien realmente eres.

—E. E. CUMMINGS

Crecer es difícil, y justo cuando pensamos que hemos terminado, nos damos cuenta de que no hemos hecho más que comenzar. Cuando comencé mi tratamiento, pensé que mis problemas estaban resueltos pero, en realidad, es un proceso continuo de recuperación y mantenimiento. No te sientas cómoda y satisfecha porque puede ser peligroso. Se necesita valor para reconocer los problemas, superarlos y seguir adelante.

Meta: Salva cualquier obstáculo que se interponga en tu camino para que puedas llegar a ser la persona que eres en realidad.

4 de agosto

Para cada acción, hay una reacción igual y opuesta.

—TERCERA LEY DE MOVIMIENTO DE NEWTON

Cuando mi padre murió, sentí una profunda pérdida y el corazón roto en mil pedazos. A pesar de mi gran dolor, sabía que había un sentimiento igual de esperanza. Fue importante para mí aceptar mis sentimientos pero, a la vez, utilice ese dolor para hacer algo especial.

No tuve una buena relación con mi padre porque él tenía problemas de salud mental y de adicción. Decidí honrar su memoria estableciendo el Programa de Becas de Tratamiento Lovato, para ayudar a personas con cualquier clase de adicción o de problemas de salud mental. Esta fue mi manera de tomar un momento trágico en mi vida y convertirlo en algo positivo.

Meta: La próxima vez que te encuentres en una situación triste, busca la manera de encontrar el lado positivo.

Somos lo que hacemos repetidamente;
la excelencia, entonces, no es un acto
sino un hábito.

—ARISTÓTELES

Cualquier cosa en la que quieras sobresalir, requiere paciencia y práctica. Es tan sencillo como cepillarse los dientes, acto en el que apenas pensamos porque lo hacemos varias veces al día. Al repetir regularmente un hábito saludable lo convertimos en parte de nuestra rutina. Es bueno tener hábitos saludables, cuantos más tengas, mejor serás. Cuando te esfuerzas por ser mejor, al final terminas siéndolo.

Meta: Descubre lo que te gusta y lo que es bueno para ti, y conviértelo en un hábito.

6 de agosto

Hay que vivir, no importa que
el cielo se haya desplomado.

—D. H. LAWRENCE

Las cosas vienen por su debida razón, en el momento adecuado,
así que no te resistas a ellas. Acepta esos retos con gracia y
desenvoltura.

Meta: No te resistas a una situación con la que luchas,
acéptala.

7 de agosto

No me gustan los juegos al azar, pero si en algo estoy dispuesta a apostar es en mí misma.

—BEYONCÉ

La rehabilitación fue un proceso doloroso y una lección de humildad que me permitió conocerme a mí misma de una manera que nunca creí posible. El saber y aceptar que nunca seré perfecta me produce un sentimiento de liberación. La recuperación es un esfuerzo diario, y es importante que siga el proceso de mi curación. No me puedo descuidar ni dar nada por hecho, entenderlo así, ha sido parte de mi aprendizaje.

Meta: Ya sea que estés en rehabilitación o no, piensa en tu viaje y en cómo puedes continuar mejorando y enriqueciendo todos y cada uno de los días de tu vida.

8 de agosto

El viaje de descubrimiento no está en buscar nuevos paisajes, sino en renovar tu mirada.

—MARCEL PROUST

Es importante ver el mundo con los ojos abiertos. Busca siempre nuevas cosas, incluso en los lugares más corrientes. Es maravilloso contemplar el mundo, pero de nada te valdrá, si no estás abierta a descubrir nuevas cosas.

Meta: Trata de ver algo o a alguien desde una nueva perspectiva. Renuncia a todas las nociones preconcebidas.

9 de agosto

Recuerda que solo Dios puede juzgarte.
Olvídate de los que te odian, porque hay
alguien que te quiere.

—MILEY CYRUS, "WE CAN'T STOP"

No puedes complacer a todo el mundo. En lo único que debes concentrarte es en vivir tu vida. Si a alguien no le gusta lo que haces, recuerda que no es nada personal; continúa expresándote a tu manera.

Meta: No pienses en cómo te perciben las personas o cómo te debes expresar. Mientras que trates de mejorarte y seas feliz, lo demás no importa.

10 de agosto

Tienes que aprender a comunicarte si quieres abrirte camino en este mundo.

Cuando aprendes a comunicarte con los demás no hay problema que no puedas resolver. Esto no significa que siempre estés de acuerdo con otras personas, y ciertamente no significa que ellas vayan a estar de acuerdo contigo. Pero nada de eso importa si tienes la madurez y la tolerancia necesarias para resolver esas diferencias. Piensa en cuánta más paz habría en este mundo si la gente resolviera los problemas hablando en lugar de utilizar la violencia.

Meta: ¿Tienes una amiga o un familiar con quien tienes dificultad en comunicarte? Tal vez ahora es el momento de intentarlo. No pierdes nada con probar.

Por eso la moraleja de la historia es
¿quién eres tú para juzgar? Solo hay un único
y verdadero juez, Dios, así que serénate
y deja que mi Padre haga su trabajo.

—SALT-N-PEPA, "NONE OF YOUR BUSINESS"

No pierdas el tiempo juzgando a otras personas, no es tu misión. No estás aquí para juzgar a los demás. Estás aquí para ser la mejor versión de ti misma y para dar afecto y ser bondadosa con las personas que conoces.

Meta: No juzgues a los demás, usa tu tiempo para lograr algo positivo.

12 de agosto

Si vamos a vivir en paz, tenemos que conocernos mejor.

—LYNDON B. JOHNSON

Todos compartimos el espacio de este planeta, así que debemos llegar a un compromiso de respeto mutuo para llevarnos bien. No siempre tenemos que estar de acuerdo, pero sí tenemos que respetar y honrar por igual nuestras diferencias y semejanzas.

Meta: Acércate a una colega, compañera de cuarto o de trabajo, o a una persona que has conocido recientemente, y haz un esfuerzo por conocerla mejor. Tal vez te sorprenda lo mucho que tienen en común o lo agradecida que está por esa iniciativa tuya.

Los que causan sufrimiento son a menudo los que más sufren.

Cuando me acosaban en la adolescencia, sentía una enorme rabia por la manera en que me trataban. Ahora entiendo que esas personas sufrían tanto como yo, pero lo expresaban de diferente manera. Cuando pienso en esas jóvenes hoy, aunque suene raro, lo que desearía es abrazarlas porque ahora sé que necesitaban amor y compasión.

Meta: Piensa en una persona que te haya herido en el pasado. Ten compasión de ella porque obviamente sufría.

Muestras a las personas cómo tratarte
de acuerdo a lo que aceptas, a lo que
rechazas y a lo que estableces.

—TONY GASKINS

Si eres una persona extrovertida, recuerda que no todo el mundo es igual. Debemos ser comprensivos con las personas, tener en cuenta lo que las hace sentirse incómodas y respetar esos límites. Si alguien no lo hace contigo, insiste que lo hagan. He pasado situaciones de ansiedad en las que algunas personas han tratado de manipularme y he tenido que establecer límites y distanciarme.

Meta: Sé consciente de los límites de las personas que te rodean. El hecho de que te sientas bien bajo cierta circunstancia, no quiere decir que le suceda igual a otra persona.

15 de agosto

Compadece a todos los seres, ricos y pobres por igual, cada uno lleva su sufrimiento. Algunos sufren demasiado, otros demasiado poco.

—BUDA

A veces, cuando comparamos nuestros problemas con los de los ajenos, terminamos sintiéndonos culpables e inconscientemente invalidamos nuestros propios sentimientos. En una ocasión, me fracturé el tobillo y me desanimé mucho, pero entonces me puse a pensar en las personas que ni siquiera tienen agua potable para beber. A veces, nos avergonzamos de nosotros mismos, porque alguien sufre un dolor mayor que el nuestro, pero todo dolor es válido porque es real. Solo porque tú no hayas pasado tanto como otra persona, no quiere decir que no hayas sufrido.

Meta: Sea lo que sea por lo que te ocurre, asegúrate de dar validez a tus sentimientos.

No te compares con nadie; si lo haces, te perjudicas a ti misma.

No hay dos personas iguales, y por ello todos y cada uno de nosotros somos únicos y especiales. Está en la naturaleza humana juzgarnos a nosotros mismos, juzgar a los demás y cuando nos sentimos inseguros empezamos a compararnos con otras personas. Pensamos en que si alguien tiene más dinero que nosotros, o en que si aquella persona es más bonita o tiene más talento. Pero eso realmente no importa, porque esa persona no eres tú y nunca lo será. Tú fuiste creada exactamente como tenías que ser.

Meta: Recuerda, no hay nadie en esta Tierra que tenga tú mismo corazón y eso es algo para atesorar.

17 de agosto

Déjate sentir todos los sentimientos:

Belleza y terror

Sigue adelante

No sentir es el final.

—RAINER MARIA RILKE

Cuando experimentamos profundamente un determinado sentimiento, a menudo pensamos que va a durar para siempre. El truco está en no resistirse, porque eso solo causa más dolor y sufrimiento. Estamos aquí en esta Tierra para experimentar diferentes emociones: la belleza y el terror, el pesar y la felicidad, la alegría y la tristeza. No puedes controlar todas las emociones que sientes, pero lo importante es dejar que las experiencias sucedan sabiendo que no van a durar para siempre.

Meta: Recuerda, el dolor forma parte de la vida. Nos ayuda a apreciar los momentos más felices.

18 de agosto

O controlas el día o el día te controla a ti.

—JIM ROHN

Cuando te despiertas de mal humor, parece que ese estado de ánimo va a marcar el día completo. Si no lo detienes a tiempo empezarás a sentir que el día entero está arruinado. Lo creas o no, tienes el poder de cambiar tu estado de ánimo y no dejar que algo malo o un sentimiento negativo te arruinen el día. No te voy a decir que es fácil, porque sé que puede ser difícil. Inténtalo y observa cómo logras que el día sea más positivo y que puedas ver la vida con otra luz.

Meta: Ejerce hoy la ley de la atracción. No importa lo que te suceda, envía energía positiva hacia el universo y fíjate en lo que te devuelve.

19 de agosto

Haz las cosas pequeñas con gran amor.

—MADRE TERESA

Mientras pongas tu corazón en todos los actos de tu vida, tu impacto será más profundo que lo que nunca pudiste imaginar.

Meta: Incluso las tareas más pequeñas de la vida merecen que pongas en ellas todo tu corazón. Algo tan simple como un abrazo o dar las gracias se debe hacer con el mismo amor e intensidad que se haría con acciones más grandes.

Incluso los milagros toman su tiempo.

—Cenicienta

Cuando éramos niños, creíamos que los deseos podían hacerse realidad con el simple toque de una varita mágica o el chasquido de los dedos. Esto no quiere decir que cosas maravillosas no puedan pasar de repente, pero lo más seguro es que no suceda así; los milagros toman tiempo. Creo sinceramente en los milagros. Mi fe y mi fuerza me ayudan a seguir adelante.

Meta: Ten paciencia. Incluso los grandes cambios en nuestras vidas necesitan tiempo para producirse.

A nadie le debes el presente, solo a ti.
Toma tiempo para ti. Respétate a ti misma
y tu privacidad. Establece límites.

Muchas de las lecciones que he aprendido han tenido que ver con saber darme mi lugar y establecer límites. Es difícil y a veces, incluso, doloroso. Asegúrate de establecer límites, ya sea en el trabajo o en otros aspectos de la vida, con las personas con las que te relacionas. Explícales claramente lo que te hace sentir confortable y lo que te molesta. Es importante hablar las cosas con claridad y honestidad por tu propio bien. A veces no es fácil, pero vale la pena.

Meta: Establece un límite hoy en tu vida profesional o personal.

22 de agosto

Gracias a mi madre no he perdido el tiempo pensando en si soy brillante o tonto. Eso no sirve absolutamente de nada.

—WOODY ALLEN

Podrías pasarte toda la vida preocupándote por lo que los demás piensan de ti, pero entonces habrías desperdiciado toda tu energía pensando en algo que está fuera de tu control. No le des importancia a la opinión de otros. No tienes por qué caerle bien a todo el mundo ni estamos en la Tierra para eso. Lo que importa es que puedas irte a dormir por las noches sabiendo que te esforzaste lo más posible y que actuaste con bondad, honestidad y compasión hacia los demás y contigo misma.

Meta: No malgastes tus días, concéntrate en lo que importa, no en tonterías que están fuera de tu control y que terminarán controlándote a ti.

Encuentra tu propósito,
encuentra tu voz.

Todos estamos en esta vida por una razón. Algunos sabemos desde pequeños lo que queremos ser y otros necesitamos más tiempo para descubrirlo. No importa cuándo lo descubras, tienes un propósito específico en la Tierra. Tu voz es única y hermosa. Cuando encuentres lo que te hace feliz, aférrate a ello y no permitas nunca que nadie te diga que no puedes convertir tus sueños en realidad.

Meta: Haz una lista de todo lo que quieres lograr en la vida. No importa cuán grande parezca el sueño, cuanto más grande mejor.

24 de agosto

Vive sin remordimientos.

—DESCONOCIDO

Nadie es perfecto. Igual de importante es saber cómo perdonarse a uno mismo. No te obsesiones con los errores del pasado. Mientras más te obsesiones y pienses en ellos, más energía y más vida les darás. Así que déjalos ir, aprende la lección, y sigue adelante.

Meta: Perdónate un error o algo que hiciste de lo cual te arrepientes. Olvídalo y sigue adelante.

Al final, solo tres cosas importan:
cuánto has amado, con qué respeto has
vivido y con qué integridad has renunciado
a las cosas que no eran para ti.

—BUDA

¿Por qué pasamos más tiempo obsesionados por lo que no obtuvimos en lugar de pensar en todas las cosas maravillosas de nuestras vidas? Considera la posibilidad de que eso que tanto anhelabas y que se te escapó en realidad no era para ti. Concéntrate en mirar a tu alrededor y siéntete agradecida por todo el amor y las bendiciones que ahora tienes.

Meta: Piensa en algo que realmente querías y no conseguiste, lo cual resultó al final ser una bendición.

26 de agosto

Cuando haces todo lo posible por lograr tus sueños, inspiras a otros a hacer lo mismo.

Cuanta más energía dedicas a realizar tus sueños, más energía transmites. El coraje de lograr tus sueños, dará coraje, inspiración y libertad a los demás para que consigan los suyos. Sé un ejemplo vivo de lo que algunas personas consideran imposible. Ese será tu mejor regalo.

Meta: Si te sientes temerosa o sin inspiración para lograr tus sueños, rodéate de algún amigo que la tenga y te inspire.

27 de agosto

Observa la fidelidad y la sinceridad como primeros principios.

——CONFUCIO

La sinceridad y la fidelidad son dos de los valores fundamentales de la vida. Sin estos ideales el mundo pierde su significado. Cada día me esfuerzo para ser auténtica conmigo misma, con mis amigos, con mi familia, y con mis fans.

Meta: ¿Cuáles son tus valores? Asegúrate de que tus acciones diarias van de acuerdo a tus principios morales y creencias.

28 de agosto

No podrás hacer nada en este mundo
sin coraje. Es la más grande cualidad
de la mente, después del honor.

—ARISTÓTELES

No nos damos cuenta de todo el coraje que tenemos en nuestro interior. Tal vez algunos tienen más que otros, pero al final del día, si haces algo y fracasas en tu intento, ya habrás ganado. Lo intentaste y eso requiere más coraje que cualquier otra cosa.

Meta: Esfuérzate en hacer lo mejor que puedas todas las cosas que hagas hoy.

29 de agosto

Puedes pasar minutos, horas, días, semanas o incluso meses, analizando una situación específica, colocando todas las piezas del rompecabezas, justificando lo que debió o pudo suceder . . . o puedes dejar las piezas en el piso y seguir adelante.

—TUPAC

Si vives pensando en el pasado, nunca vas a ser feliz porque te pierdes toda la dicha y la maravilla del presente. Vive el momento presente, respira profundamente y agradece por estar donde estás ahora. Tenemos la tendencia de mirar hacia el pasado y hacia el futuro cuando nuestra felicidad está realmente a la vista.

Meta: Si te obsesionas con el pasado, no podrás vivir el presente. Haz un esfuerzo por mirar hacia adelante.

El tiempo es limitado; no lo malgastes tratando de vivir la vida de otro.

—STEVE JOBS

Cuando empecé a tener reconocimiento como artista, medía mi felicidad por los éxitos que lograba. Pero al continuar por ese camino me di cuenta de que había muchos altibajos. Nunca llegaría a ser feliz si permitía que las percepciones y opiniones de otras personas definieran quién soy. Estoy muy agradecida por tener la fortaleza y el amor propio necesarios para enfrentarme a mis dificultades.

Meta: Encuentra tu fortaleza dentro de ti. No dejes que las opiniones de otros te definan.

31 de agosto

Da lo que quieres recibir. Si quieres ser feliz, haz que los demás sean felices.

—RUSSELL SIMMONS

Es una simple ley de atracción: recibes lo que das al universo. Cuanto más amor das, más amor atraes. Cuanto más amor atraes, más amor recibes. Cuando depositamos energía positiva en el mundo, nos sentimos bien y hacemos sentir bien a quienes nos rodean.

Meta: Sé un brillante ejemplo de todos los valores e ideales que atesoras en tu corazón.

Septiembre

1 de septiembre

Soy valiosa, soy suficientemente bella; no necesito nada más para sentirme completa.

—DESCONOCIDO

Cuando nos sentimos completos somos dueños de nuestra belleza y de nuestra fuerza interior. Cada uno de nosotros conocemos las normas que nos hacen felices y que rigen nuestras vidas. Esas normas se han formado y moldeado gracias a nuestras experiencias y lo que hemos sacado de ellas. Es parte de la vida evolucionar y, consecuentemente, esas normas también pueden cambiar, pero si te mantienes fiel a tu voz y a tu ser más profundo, siempre te sentirás completa.

Meta: Recuerda que no necesitas a nadie que te haga sentir completa, ya lo eres.

El amor hace que tu alma salga
poco a poco de su escondite.

—ZORA NEALE HURSTON

Las habladurías, los juicios críticos, el acoso y otras influencias negativas consiguen ocultar nuestros verdaderos sentimientos, ya sean de tristeza, alegría o amor. No es fácil confiar en que podrás ser tú misma, ni siquiera con los que te aman. Cuando aceptas el amor de familiares y amigos, tu corazón y tu alma renacen.

Meta: Agradece a los que te aman, te apoyan y te aceptan tal como eres.

3 de septiembre

Ayer es historia, mañana es un misterio. Hoy es un regalo. Por eso se llama presente.

—A. A. MILNE

Nadie sabe cuánto tiempo estaremos en la Tierra; no lo malgastes preocupándote por el mañana. Valora el momento y trata de disfrutarlo siempre que puedas.

Meta: Date cuenta de que el tiempo es limitado y acepta el reto de vivir cada día al máximo. Piensa en algo que puedas disfrutar al máximo hoy.

La cárcel no me hizo encontrar a Dios;
Él siempre ha estado presente. Me podrán
encarcelar, pero mi espíritu y mi amor nunca
estarán confinados tras unos muros.

—LIL WAYNE

Al final, ni tu alma ni tu espíritu transigirán. No importa qué tipo de limitaciones físicas o barreras trate de crear la gente a tu alrededor; la capacidad de amarte a ti mismo y a otros mueve montañas.

Meta: No permitas que tus restricciones emocionales se interpongan en tu camino.

La vida es hermosa: te la mereces.

Nunca te menosprecies. *Nunca* olvides lo bella que realmente eres. A veces, algunas personas nos hacen sentir que no somos lo suficientemente buenas ante los ojos de la sociedad, pero no debes dejar que ese sentimiento se apodere de ti. Busca la forma de salirte de esa situación negativa.

Meta: Recuerda que eres hermosa tal y como eres.

6 de septiembre

Cada mañana nacemos de nuevo. Lo que hacemos hoy es lo más importante.

—BUDA

Nunca estamos perdidos porque renacemos cada día y la vida está llena de nuevas oportunidades. Tienes la libertad de despertar un día y recorrer el mundo o cambiar de profesión o llamar a un amigo con quien llevas años sin hablar. Todos los días están llenos de nuevas ideas y posibilidades.

Meta: Haz algo inesperado y fuera de lugar. Libérate.

7 de septiembre

Por fe andamos, no por vista.

—2 CORINTIOS 5:7

Si hubiera vivido y soñado basándome solo en lo que veía, no estaría ni cerca de donde estoy ahora. Pero yo tenía fe en mis sueños, en mi imaginación, en el poder de mis pensamientos y en mis esperanzas para una vida mejor. Podría haber dejado que el trato que recibí en el colegio, el acoso, las horribles palabras que me dijeron determinaran mi vida, pero no lo hice. En vez de aceptar esa vida, tuve fe en que mis sueños me ayudarían a superar los tiempos difíciles y, finalmente, me conducirían al lugar que deseaba.

Meta: ¿Cuál es tu mayor sueño? Dilo en voz alta y repite que lo tienes a tu alcance, siempre y cuando creas en él y creas en ti.

8 de septiembre

Una de las razones por las que fui
tan infeliz durante años era porque
nunca aceptaba mis emociones y trataba
de mantener siempre el control.

No me di cuenta entonces que debido a ese desesperado intento de mantener el control de mi vida, era yo la que me perdía en el proceso. Mis adicciones me daban un falso sentido de seguridad. Estaba demasiado hundida para entender que cada día me alejaba más de mí. Me aferraba al dolor y usaba mis adicciones para adormecer mi sufrimiento. Cuando pedí ayuda por primera vez sentí que perdía el control por completo, ya no tenía nada que ocultar y odiaba esa sensación. No entendía que tenía que entregar mi poder a algo más grande. Hoy agradezco infinitamente haberlo exteriorizado todo y haber pedido la ayuda que necesitaba.

Meta: Cuando alguien te pregunte cómo te sientes, no respondas simplemente bien; dile exactamente cómo te sientes.

No conozco el secreto del éxito, pero el del fracaso es tratar de complacer a todos.

—BILL COSBY

A menudo, cuando tratas complacer a los demás, los haces felices, pero tú acabas decepcionada, aunque no lo notes. Si eres una joven adulta y te sientes segura de ti misma, no cambies la manera de ser por nadie.

Meta: Vive la vida para ti misma, y todo lo demás encajará cuando llegue el momento.

Haz algo maravilloso;
quizás la gente lo imite.

—ALBERT SCHWEITZER

Las buenas acciones son contagiosas, pero a veces la gente necesita ver el ejemplo. Puede que a algunas personas les cause un poco de temor apartarse de lo que les es familiar para adentrarse en algo desconocido. Por eso es importante dar el ejemplo, para que así otras personas puedan imitar nuestras acciones.

Meta: Guía e inspira a otros con tus buenas obras.

11 de septiembre

Si nos permitimos un solo pensamiento de violencia u odio contra cualquier persona, contribuimos al dolor que sufre el mundo.

—DEEPAK CHOPRA

La violencia es el camino más fácil y solo conduce a más violencia. Necesitamos gente en este mundo dispuesta a encontrar soluciones a través de la paz, la comunicación, la honestidad y la diplomacia. Puede que la paz mundial parezca algo imposible, pero vale la pena intentarlo.

Meta: No tienes que ser un político para evitar las guerras y practicar la paz. Asegúrate de que tus palabras y tus acciones emanen de un sentimiento de amor.

Aunque tú tengas razón, la otra persona también tiene su versión de la historia.

Por muy segura que estés de tener la razón, es muy posible que quien discuta contigo se sienta de igual manera. A veces las discusiones parecen irresolubles porque no hay una única respuesta o solución. Por eso es fundamental escuchar a todas las partes antes de tomar una decisión.

Meta: Deja tus prejuicios a un lado. Escucha la versión de la otra persona. Puede que descubras algo que no habías advertido y que te ayude a crecer.

13 de septiembre

Si no quieres que tus palabras te delaten, di siempre la verdad.

—DESCONOCIDO

Todos hemos dicho incontables mentiras, grandes y pequeñas. Supongo que es humano. Aun cuando dices una mentira, por insignificante que sea, sé sincera contigo misma, admítelo y pide perdón.

Meta: No digas una sola mentira hoy, no importa cuán pequeña sea.

No hay nada más bello y atractivo que una persona que sabe quién es.

Cuando alguien sabe quién es y lo muestra, llama mucho la atención. Si una persona se siente segura de sí misma y entra a un lugar, enseguida la gente se da cuenta. La apariencia física desaparece, pero la belleza interior, el equilibrio y la autoestima duran para siempre, si los cultivas.

Meta: Encuentra la seguridad en ti misma y deja que emane.

15 de septiembre

Lo que otros piensan de mí no es asunto mío.

—ANÓNIMO

Puedes pasarte el día obsesionada con lo que otros piensan de ti; en algún momento u otro nos ha ocurrido a todos. Todo el mundo tiene una opinión, pero eso en realidad no importa, porque las opiniones de los demás no deben influir en lo que haces con tu vida, solo es asunto tuyo. Si permites que los pensamientos y valores de otras personas dicten tu manera de vivir, tu vida dejará de ser tuya.

Meta: Escucha la crítica constructiva, pero no dejes que las opiniones de los demás te cambien.

Eres lo que son tus amigos.

Antes me rodeaba de gente muy parecida a mí. Si ellos usaban drogas y yo ya no, una pequeña parte de mí quería mantener esas amistades aunque aún se drogaban. Tuve que aprender que no podía continuar siendo amiga de esas personas porque todavía padecían esa enfermedad. Tuve que separarme de ellas porque me perjudicaban. Ahora que estoy en rehabilitación solo me rodeo de personas positivas, íntegras y con valores sólidos.

Meta: ¿Qué te importa más de un amigo? Escribe tus valores y tus virtudes y asegúrate de que las personas que te rodean tienen el mismo criterio.

17 de septiembre

No tienes que lucir como los demás. Ámate y acéptate tal cual eres.

——LEA MICHELE

No importa quienes somos, hay días en que nos sentimos inseguras, pero lo importante es saber que nos sucede a todas. Acepta ese día tal cual y sigue adelante.

Meta: Cuando te sientas insegura, mírate al espejo y sé positiva.

Nada trabajará a menos que hagas el esfuerzo.

——MAYA ANGELOU

Para poder dar lo mejor de ti en todo lo que hagas, debes estar en la mejor condición para hacerlo. Esto significa que debes dormir lo suficiente, comer bien, hacer ejercicio, meditar y cuidar tu mente, tu cuerpo y tu alma. A veces queremos demostrar lo mucho que trabajamos y terminamos totalmente agotados, pero te aseguro que es mejor buscar el equilibrio. Te sentirás más feliz, serás más productiva y obtendrás mejores resultados.

Meta: Analiza tu vida y busca el equilibrio en todos los aspectos y áreas.

Las expectativas son decepciones a punto de ocurrir.

Cuando pasamos el tiempo esperando a que las cosas sucedan, no vivimos el presente, y acabamos por decepcionarnos y juzgarnos, lo cual nos hace sentir peor. Es importante saber lo que quieres para tu vida. También es importante saber cómo y cuándo hacer realidad tus sueños. El problema es que la expectativa puede crear falsas esperanzas. Es maravilloso ser un soñador, pero es preferible serlo con el mayor realismo posible.

Meta: Libera tus expectativas, permanece abierta a las oportunidades y explora lo que tienes delante de ti.

20 de septiembre

Y todos los colores que soy por dentro no se han inventado todavía.

—SHEL SILVERSTEIN

La creatividad es mucho más que producir arte. También permite purgar las emociones y los pensamientos tóxicos de una manera positiva y saludable. Para mí, consiste en cantar y componer música. Cuando actúo, puedo expresar mis emociones de una forma positiva.

Meta: Busca un pasatiempo que te permita liberar las emociones fuertes de manera saludable.

Recuerda que no conseguir lo que quieres es a veces un maravilloso golpe de suerte.

—ANÓNIMO

Muchas veces no logré algo que quería y que me parecía era perfecto para mí. Ahora comprendo que esas mismas cosas que yo deseaba, no eran exactamente las que yo necesitaba. Aunque quizás no lo entiendas ahora, acepta con humildad esas decepciones y piensa que a lo mejor es para bien tuyo.

Meta: Reflexiona acerca de alguna decepción que sufriste y cómo al final resultó ser una bendición.

22 de septiembre

Por dentro siempre tenemos la misma edad.

—GERTRUDE STEIN

¿Recuerdas lo maravillosamente bien que te sentías de niña? ¿Correteando y jugando con tus amigas sin la menor preocupación? Solo porque nos hacemos mayores no significa que tengamos que perder esa niña interior. Esa niña o niño sigue dentro de ti. Quizá ya no pueda llevar la voz cantante, pero aún debe ser capaz de jugar y de experimentar una inmensa alegría.

Meta: Acuérdate siempre de encontrar placer en tu trabajo y buscar diversión en todo lo que haces.

23 de septiembre

Tú eres la única persona en este mundo que sabe cómo vivir tu vida.

Si alguien te dice lo contrario es porque no puede dictar su propia vida y ha decidido que es más fácil dictar la de otros. Esa persona tiene miedo de su propia realidad, pero tú puedes ayudarla enseñándole a vivir con valentía y convicción.

Meta: Acepta tu vida tal y como es, con sus defectos y virtudes, esperanzas y desilusiones. Inspira a otros a vivir cada día más a fondo, demostrándoles la fe y la confianza que tienes en la vida que TÚ estás viviendo. Da el ejemplo.

24 de septiembre

A veces nuestra luz se apaga y se vuelve a encender por una chispa de otra persona. Cada uno de nosotros tiene motivos para recordar con profunda gratitud a los que han encendido nuestra llama interna.

—ALBERT SCHWEITZER

No podemos ser positivos y optimistas todos los días del año, eso está claro. A veces nuestra luz es tan brillante como el sol y otras, apenas alumbra, por eso debes rodearte de amigos que te quieran incondicionalmente. Esas son las personas a las que recurrimos cuando creemos haber perdido toda esperanza. Los verdaderos amigos iluminan nuestras vidas y alimentan nuestro fuego interno si la esperanza se debilita.

Meta: Si tienes un mal día, rodéate de buenos amigos que proyecten su luz sobre ti.

25 de septiembre

¿Qué ejemplo damos a nuestros hermanos menores y a otros niños? Comienza a cambiar su futuro desde hoy.

Tengo una hermana pequeña a la que quiero con toda mi alma. Aunque yo no fuera una figura pública, debo pensar en cómo mis acciones pudieran influir su vida. Si consumo drogas delante de ella, pensará que eso está bien. Debemos ser conscientes de lo que hacemos y decimos porque los más jóvenes nos miran como un modelo a seguir.

Meta: Da buen ejemplo a quienes puedes influenciar.

26 de septiembre

Puedes convertir una situación negativa en una positiva, siempre y cuando estés abierta a esa posibilidad.

Todas las situaciones difíciles que he vivido me han cambiado para mejor. He ganado fuerza como artista y como persona, y he sido capaz de abogar por otros que aún luchan para ser escuchados. No puedo explicarte lo privilegiada y lo honrada que me siento al usar mi propio dolor para ayudar a otras personas a encontrar la fortaleza y evitarles sufrimientos. Estos rayos de luz positivos han podido atravesar la oscuridad porque yo lo he permitido, porque les di entrada y porque no me encerré en mi pasado ni en mi dolor, simplemente los acepté.

Meta: Encuentra algo positivo en el problema al que te enfrentas en este momento y compártelo con alguna persona que se encuentre en la misma situación. De esa manera ella sabrá que también puede tener esperanza.

27 de septiembre

Tenemos miedo de que algo nos importe demasiado por temor de que a la otra persona no le importe nada.

—ELEANOR ROOSEVELT

No temas demostrar tu amor. Hubo muchos momentos en mi vida en que quise decirle a alguien cuánto lo quería, pero tuve miedo de lo que pensarían de mí. Cuando logré superarlo, me di cuenta de lo mucho que la gente agradecía mis expresiones de amor, y cómo reciprocaban el mismo sentimiento. El que yo me abriera, les hizo abrirse.

Meta: Sé sincera con alguna persona en tu vida y anímale a que haga lo mismo.

28 de septiembre

Sé impecable con tus palabras.

—MIGUEL ÁNGEL RUÍZ

Es importante que tus palabras reflejen lo que sientes. A veces tenemos miedo de decir algo que lastime o decepcione, pero el dolor y la decepción lo causamos cuando decimos algo que no sentimos o cuando prometemos algo que no podemos cumplir. A lo largo de los años yo también he prometido cosas que no podía cumplir, y he dicho cosas de las que me he tenido que arrepentir. No fue intencional, pero tampoco fue muy realista de mi parte. Asegúrate de decir cosas que sientas y que puedas cumplir. Aunque no puedas prometer algo, al menos sabes que eres honesta.

Meta: Sé responsable de tus acciones. Todo lo que digas hoy debe reflejar honestidad y sinceridad.

No aplaces la felicidad.

Hubo un tiempo en que estuve muy deprimida. Todo lo que quería era sentirme feliz y constantemente buscaba la felicidad fuera de mí. Escuché la expresión "cambia tus pensamientos y cambia tu vida". Al principio no me dijo nada, porque culpaba a fuerzas externas y a otras personas por mi infelicidad. Luego decidí cambiar mi forma de pensar y enseguida me di cuenta de que era más feliz. El poder de la mente es increíble. En cuanto acepté que ser feliz dependía de mí, el cambio fue maravilloso.

Meta: La felicidad puede llegar mañana, pero no te fíes de eso. Emprende el camino hacia tu felicidad hoy mismo.

30 de septiembre

Sé atrevido y valiente;
las fuerzas vendrán en tu ayuda.

—GOETHE

Cuando sabes lo que quieres, lo único que importa es que lo busques con convicción y coraje. No es necesario que conozcas cada paso a seguir hasta lograr tu sueño.

Meta: Da un gran salto a lo desconocido y confía en que el suelo aparecerá cuando lo necesites.

Octubre

1 de octubre

No podemos controlar todo en esta vida . . .
pero sí podemos mirar hacia delante
y decidir dónde vamos.

La vida te dará todo tipo de emociones y experiencias imaginables, y muchas que ni siquiera te puedes imaginar. Yo trato de aceptar con gratitud todo lo que la vida me ofrece. La vida es una incógnita y tenemos que estar preparados para todo.

Meta: Piensa en algo maravilloso que te espera más adelante.

2 de octubre

No te preocupes, sé feliz.

—BOBBY MCFERRIN, "DON'T WORRY, BE HAPPY"

Es un buen consejo, pero a veces resulta difícil dejar de preocuparse, aunque en realidad no soluciona nada y prolonga nuestra felicidad. Trata de no preocuparte innecesariamente y verás cómo mejora tu estado de ánimo.

Meta: Escucha una canción alegre que te haga olvidar los problemas.

Cuando odias, la única persona que sufre eres tú porque la mayoría de la gente que odias lo ignora y al resto, no le importa.

—MEDGAR EVERS

Cuando terminaba una relación amorosa, pasaba un tiempo llena de rencor y de odio. Entonces no me daba cuenta de que me envenenaba por dentro. Siempre me preguntaba por qué mis ex parejas superaban la ruptura antes que yo. Ahora sé que yo, en lugar de olvidarlos, malgastaba todo el tiempo en odiarlos. De la misma manera que cuando tenía doce años y sufría acoso escolar, pasaba más tiempo enojada con mis acosadores en lugar de amarme y de cuidar mis heridas.

Meta: Sea cual sea el problema al que te enfrentes, asegúrate de no envenenarte con odio en lugar de darte amor.

El tesoro más valioso que posees
es un corazón abierto.

—CARLOS SANTANA

Nunca se sabe de dónde llega a tu vida algo maravilloso. Puede que tu mente esté fija en una cosa, sin saber que el universo te tiene reservado algo aún mejor, pero si buscas en una sola dirección, puede que no lo encuentres. Es importante que te centres en tus sueños y visiones para el futuro, pero al mismo tiempo debes permanecer abierta a todas las posibilidades.

Meta: Haz algo hoy que no harías normalmente y observa cómo te sientes. A lo mejor disfrutas de algo nuevo en tu vida.

5 de octubre

No podemos volver atrás, pero sí podemos comenzar de nuevo y lograr un nuevo final.

—ZIG ZIGLAR

Deja que tus esperanzas, sueños y visiones colmen tu corazón, fortalezcan y den sentido a tus palabras, y guíen todos y cada uno de tus pasos.

Meta: Sé valiente, ambiciosa y audaz en tu vida personal y profesional.

6 de octubre

Las cosas sencillas son también
las más extraordinarias, y solo
los sabios son capaces de verlas.

—PAULO COELHO

¿Cuándo fue la última vez que observaste el mundo que te rodea? La vida se compone de pequeños momentos. No te quedes tan absorta en tu propio mundo que no te des cuenta de lo que sucede a tu alrededor.

Meta: Atesora esos pequeños momentos, esos pequeños detalles.

7 de octubre

Las personas orgullosas
crean penas a ellas mismas.

—EMILY BRONTË

Pienso que nuestro orgullo muchas veces nos impide pedir ayuda o reconocer que no sabemos algo. El orgullo puede ser un gran obstáculo para nuestro aprendizaje. Nunca te avergüences de pedir ayuda ni de reconocer que no sabes o no entiendes algo.

Meta: Haz todas las preguntas que quieras acerca de las cosas que no entiendes. No significa que eres floja, todo lo contrario, significa que quieres saber más.

8 de octubre

Las promesas son como una Luna llena, si no las cumples disminuye día a día.

—PROVERBIO ALEMÁN

Es fácil para nosotros decir que vamos a tomar medidas, pero si estas palabras no van acompañadas de una acción, se convierten en promesas vacías. Si no puedes cumplir lo que prometes, sobre todo a ti misma, no solo haces daño a los demás, sino también sufre tu integridad.

Meta: Si has herido a alguien por no cumplir una promesa, haz las paces y pide disculpas.

9 de octubre

Solo hay una manera de evitar la crítica: no decir nada, no ser nada, no hacer nada.

—ARISTÓTELES

No puedes complacer a todo el mundo ni tienes por qué hacerlo. He recibido muchas críticas e incluso comentarios muy desagradables en el Internet, pero no puedo dejar que esas cosas me humillen. Tengo que continuar siendo fiel a quien soy para las personas que en realidad cuentan en mi vida y eso es lo único importante.

Meta: No trates de complacer a todos, concéntrate en complacerte a ti. Si alguien te critica duramente, no le des importancia, ignóralo.

10 de octubre

El ego es un reflejo de la sociedad debido al cual cada persona asume toda la culpa.

——ROBERT ANTON WILSON

Ni somos nuestros egos ni podemos culpar a nuestros egos por todo. Tenemos que asumir responsabilidad por las decisiones que tomamos en la vida, incluso si esto significa olvidarnos de nuestros sentimientos personales para hacer lo que es correcto, aunque no sea fácil para nuestro orgullo.

Meta: Deja a un lado tu ego y asume la responsabilidad de tus acciones.

11 de octubre

Responde con inteligencia, incluso al trato menos sensato.

—LAO TSÉ

Habrá gente que te dirá cosas para hacerte bajar a su nivel, pero todos podemos elegir cómo hacer frente a esa situación. Aunque es difícil no responder de la misma manera, te aseguro que esa no es la respuesta. Sé paciente y tómate el tiempo para responder con gentileza, no por el bien de esa persona sino por el tuyo.

Meta: La próxima vez que alguien te trate mal, no respondas de la misma manera. Demuéstrale quién vale más.

12 de octubre

La lucha y el caos son parte de la vida.
Tienes que aceptarlos con gracia y serenidad
porque conllevan sus propios bienes.

Todas mis luchas y mi viaje han sido un gran regalo. Me han permitido crecer como artista y como persona. Una vez que acepté mis problemas y comencé a sacar provecho de ellos, en lugar de dejar que me controlaran, comencé a sentirme mejor. Ahora me doy cuenta de que los problemas y los retos me han ayudado a crecer como artista y como mujer.

Meta: Cuando te sientas inmersa en un caos, recuerda que el futuro trae cambios positivos.

13 de octubre

Aléjate de las personas que menosprecian tus ambiciones. La gente pequeña siempre hace eso, pero los realmente grandes te hacen sentir que tú también puedes serlo.

—MARK TWAIN

He tenido que aprender a la fuerza quiénes son mis verdaderos amigos; para mí la mejor forma de saberlo es ver quién me da ánimos o quién trata de hundirme. Prefiero estar con gente que me apoya y me hace sentir fuerte gracias a su amor y a su fe en mí, al igual que gracias al amor y a mi fe en ellos. La amistad no es unilateral: das lo que recibes.

Meta: Merece la pena que le dejes saber a esa persona en tu vida que te trata mal, cómo te sientes en realidad. Si no está dispuesta a cambiar, quizás es el momento de alejarte de ella.

14 de octubre

Un ciervo herido salta más alto.

—EMILY DICKINSON

Nuestras heridas y cicatrices nos dan fuerza y coraje. Las mías han hecho cada momento de mi vida más significativo y al final me ayudaron a conocerme mejor. Ahora soy más fuerte y mi pasión por la vida es más profunda. Por fin puedo apreciar mis heridas por las bendiciones que me trajeron.

Meta: Acepta las dificultades y las experiencias dolorosas de tu pasado, te han ayudado a formarte. Eres más fuerte por haberlas sufrido y hoy eres capaz de hablar con honestidad de ellas.

15 de octubre

Dios no lo hizo todo en un día.
¿Qué me hace creer que yo puedo?

—DESCONOCIDO

No importa lo mucho que trabajes, es muy importante tomar intervalos de descanso. Ponte de pie, estira los músculos, medita cinco minutos, deja descansar tu mente. Cuando vuelvas a lo que estabas haciendo serás más productiva. Cuando me paso dieciséis horas en el estudio, es muy fácil sumergirme en el trabajo porque me encanta lo que hago. Pero también es importante parar un momento y salir a tomar un poco de aire. Enseguida me siento mejor y más despejada.

Meta: Recarga las pilas tomándote un momento de descanso.

Las palabras tienen el poder tanto de destruir como de sanar. Cuando son sinceras y bondadosas pueden cambiar el mundo.

—BUDA

Nuestras palabras tienen mucho poder, mucho más del que pensamos. Pueden hacer mucho bien o mucho daño. Pueden generar paz o actos de violencia. Cuando estamos dolidos, lo más fácil es atacar a otras personas, pero entonces nos convertimos en la fuente del problema que sufrimos. No viertas tu dolor sobre los demás o continuarás el ciclo.

Meta: Si te sientes dolida, busca salidas que te ayuden. Busca un amigo con quien hablar, exprésate artísticamente, escribe en tu diario o busca ayuda profesional.

17 de octubre

El saber perdonar es nuestra contribución
más importante a la curación del mundo.

Si todos cultiváramos resentimientos y nos aferráramos a nuestro dolor, no habría esperanza para el futuro, ya que todos estaríamos resentidos y atrapados en el pasado. El poder del perdón no se puede explicar con palabras. El perdón es un acto contagioso de belleza y de humildad. Significa que dejas a un lado tu ego y decides que es mejor ser feliz y vivir en paz que tener "razón".

Meta: Invierte tu energía en cosas que te hacen feliz y no te preocupes por tener razón.

18 de octubre

No te rindas.

Todos hemos oído esta frase infinidad de veces. Al haberla experimentado, llegué a entender por qué tantas frases hechas son tan reales. A veces, cuando tus sueños y tu fe sufren un desafío, no es que se haya perdido toda esperanza, sino que estás pasando una prueba. Cuando no dejas que estos retos te detengan, le demuestras al universo lo que deseas a pesar de todo, tus oraciones serán escuchadas y tus sueños se realizarán.

Meta: Piensa en lo que en realidad te gusta hacer en esta vida y no te detengas hasta lograrlo.

19 de octubre

La gente suele decir que la motivación no dura. Bueno, tampoco el aseo, por eso se recomienda bañarse a diario.

—ZIG ZIGLAR

Sea cual sea la meta que te propongas alcanzar, recuerda que tienes que trabajar en ello todos los días. No es suficiente con escribir tus metas y deseos para el futuro, hay que trabajar con ahínco para conseguir algo en la vida.

Meta: Haz un esfuerzo, cada día de este mes, por hacer una cosa que te acerque a tu meta.

20 de octubre

Si esperamos el momento cuando todo, absolutamente todo esté listo, nunca empezaremos.

—IVAN TURGENEV

No te quedes sentada esperando a que llegue el momento ideal; ese momento no existe. Si hubiera esperado por el momento perfecto para comenzar mi carrera, no estaría aquí ahora. Sueña en grande, trabaja duro y pon todo tu esfuerzo en lograrlo.

Meta: No pospongas esa meta que quieres alcanzar.

21 de octubre

Nada es una pérdida de tiempo si sabes aprovechar la experiencia.

—RODIN

Me he pasado una gran parte de mi vida tratando de averiguar quién realmente soy. Pensaba entonces que si no tenía todas las respuestas, nunca las encontraría. Ahora entiendo que ha sido el proceso y el camino lo que me ha definido y me ha convertido en la persona que soy. Lo importante es correr riesgos, poner en práctica nuevas ideas y continuar el proceso de crecer y de aprender. Sé que voy en camino, y eso es suficiente: quiero seguir creciendo, aprendiendo y explorando. Acepta lo desconocido, porque ahí radica la magia.

Meta: Agradece tu viaje porque es solo tuyo.

Cuando amamos, tratamos de ser
mejor de lo que somos. Cuando tratamos
de ser mejor de lo que somos, todo
a nuestro alrededor mejora.

—PAULO COELHO

El amor lo cura todo, es el mejor remedio. El amor hace que todo sea posible. Nos fortalece y nos permite ser más abiertos y compasivos de lo que jamás soñáramos. No hay tal cosa como amar demasiado. Las personas agradecen que seas capaz de amar con todo tu corazón.

Meta: Aprovecha tu amor y el amor de los demás para curarte.

23 de octubre

Así que a partir de hoy me escapo de esta jaula y me rebelo contra mis demonios.

—EMINEM, "NOT AFRAID"

Cualquiera que sea la situación que atravieses en la vida, recuerda que siempre hay una puerta, una salida para dejar atrás tus problemas. Muchos de nosotros tenemos que atravesar por algo realmente terrible antes de poder salir al otro lado. Dondequiera que te encuentres en este momento, no te olvides de que hay una salida, y de que siempre tienes la opción de pedir ayuda y enfrentarte a tus demonios.

Meta: Mira en tu interior, reúne toda tu fuerza y líbrate de lo que te detiene.

Dentro de veinte años estarás más decepcionado por las cosas que no hiciste que por las que hiciste. Así que suelta las amarras. Zarpa lejos de la seguridad del puerto. Atrapa los vientos favorables en las velas. Explora. Sueña. Descubre.

—MARK TWAIN

Siendo artista, tienes que tener coraje para lograr tus sueños. Tienes que estar dispuesta a dejar lo que te resulta cómodo y familiar, para crecer, no solo como ser humano, sino para superar tus propias barreras. Exhorto a cualquier persona a perseguir su sueño con resolución, a que se aventure en áreas que no siempre son conocidas o comprensibles.

Meta: Haz algo que se salga de tu espacio confortable. A veces las cosas que nos dan miedo, nos ayudan a crecer.

25 de octubre

No esperes, no supongas, no preguntes,
no exijas. Deja que ocurra.
Porque si tiene que pasar, pasará.

Cuando comprendemos que solo tenemos control sobre nuestras acciones en la vida, nos sentimos preocupados e inquietos, porque en realidad preferiríamos controlar todo a nuestro alrededor. Sin embargo, cuando reflexioné sobre esto y lo entendí, me sentí liberada. Algunas cosas sucederán tal como las planeaste, y otras no, pero al final sucederán.

Meta: Piensa en algo en lo que no ejerzas control y acéptalo de esa manera.

Cuando la ira crece, tu conciencia
disminuye, así que sé consciente de
tu sentido de la justicia y trata de ver
las cosas desde varios puntos de vista.

La ira es una emoción muy poderosa, tanto que, cuando realmente la experimentamos, tiene tendencia a nublar nuestro juicio y nuestra capacidad de razonar. No solo debemos aceptar nuestros sentimientos, sino entender que si no controlamos nuestra ira, tiene el poder de destruir nuestro sentido común.

Meta: No permitas que la ira te ciegue. Piensa racionalmente y sé consciente de cómo tus emociones afectan a otros.

27 de octubre

No podremos cambiar el mundo
si nosotros no cambiamos.

—BIGGIE SMALLS

Como seres imperfectos que somos es importante mantenernos siempre abiertos, para seguir creciendo y desarrollándonos. Cuando efectuamos cambios en nosotros, para mejorar nuestras vidas, hacemos del mundo un lugar mejor.

Meta: Apoya una causa filantrópica; haz algo por el mundo.

28 de octubre

No puedes vivir tu vida para los demás. Haz lo que sea mejor para ti, aunque no lo sea para las personas que amas.

—NICHOLAS SPARKS

Celebra tu independencia y el que puedas tomar tus propias decisiones. Es imposible complacer a todo el mundo que te rodea, pero por lo menos deberás complacerte a ti. No puedes preocuparte por todo el mundo.

Meta: No tomes decisiones influenciadas por otras personas o basadas solo en sus consejos.

A pesar de todo lo que he pasado, todavía
creo que la gente tiene buen corazón.

——ANA FRANK

Si Ana Frank, quien sufrió una incomprensible y terrible
experiencia, logró mantener una actitud positiva y todavía creer
en la bondad de los demás, entonces yo también puedo.

Meta: Cuando sientas lástima por ti misma o necesites una
nueva perspectiva, piensa en lo buena que es tu vida y en las
muchas libertades que disfrutas. Son una verdadera bendición.

Mantén la vista hacia el sol
y no verás la sombra.

——HELEN KELLER

El hecho de que esta cita sea de alguien que ni siquiera podía ver, es algo profundamente hermoso. Helen Keller fue capaz de ver la luz invisible de nuestro interior simplemente cambiando su perspectiva. Es una actitud admirable de la que todos deberíamos aprender.

Meta: Sé positiva y serás capaz de afrontar cualquier desafío.

31 de octubre

Una de las cosas que da más miedo en la vida es cuando te das cuenta de que la única que en realidad te puede salvar, eres tú.

Un día, durante mi rehabilitación, me di cuenta de que no importaba cuántas personas me apoyaran, solo yo podía salvarme. El cambio procede de tu interior, no de otras personas. Nadie puede cambiar si no lo desea.

Meta: Mira en tu interior y responde honestamente a esta pregunta: ¿necesito que alguien me guie?

Noviembre

1 de noviembre

Tienes que defenderte a ti misma, porque nadie lo hará por ti.

A veces he sido consciente de que había algo raro en la forma en que me trataban, pero me daba miedo o era demasiado tímida para protestar. Puede ser difícil y sobrecogedor porque pensamos que si nos enfrentamos, no vamos a gozar de tanta popularidad. Pero si no defiendes lo que crees, se aprovecharán de ti. Ya sea intencionado o no, es horrible. Estoy convencida de que si defiendes tu postura, te respetarán más.

Meta: Defiende tu postura con gentileza y confianza, demuestra tu poder hoy.

Ámate a ti misma porque, cariño, naciste así.

—LADY GAGA, "BORN THIS WAY"

A menudo, el acoso o la burla tienen efectos negativos y duraderos. Cuando era más joven, comencé a actuar diferente de como en realidad soy, tratando de cambiar lo que no les gustaba a mis acosadores, hasta que un día me di cuenta de que había dejado de ser quien yo era. Necesitaba volver a amar quien yo era y quien siempre había sido. Una vez que lo logré, me sentí mejor.

Meta: No sacrifiques tu personalidad para ajustarte a las normas de otros.

3 de noviembre

Sé amable con las personas poco amables,
son las que más lo necesitan.

—ASHLEIGH BRILLIANT

Si observas a los desconocidos, ves que algunos parecen felices
y otros parecen enojados con el mundo entero. No pienses que es
algo relacionado contigo porque es casi seguro que esas personas
sufren. Fíjate en el hombre, con cara de pocos amigos, que está
delante de ti en la fila o el guardia de seguridad del aeropuerto,
que no para de gritarle a la gente. Esas personas se comportan de
esa manera debido a algún sentimiento negativo que los domina.
Son quienes más amabilidad necesitan, y es muy probable que si
los tratas bien se sientan conmovidos, aunque no sepan cómo
demostrarlo. Si los tratas con amabilidad, seguramente harán
igual contigo.

Meta: Responde al enojo de una manera positiva.

4 de noviembre

Tener el corazón roto es una buena señal: significa que hemos intentado algo.

—ELIZABETH GILBERT

Siempre habrá ocasiones en que intentemos conseguir algo con todas nuestras fuerzas y acabemos decepcionados. Esto significa que aceptas correr riesgos. Pese al dolor que sentirás, recuerda que es una buena señal porque demuestra que eres sensible. Ese dolor es un reflejo de todo el amor que hay en ti.

Meta: Ama sin temor y con valentía, con todo tu corazón.

5 de noviembre

Nadie merece tus lágrimas, y quien las merezca no te hará llorar.

—GABRIEL GARCÍA MÁRQUEZ

Habrá mucha gente en la vida que te hará llorar o por lo menos que te hará sentir con ganas de desahogarte. Esa gente no se merece tu llanto. Las personas que están a tu lado para consolarte y ayudarte a enjuagar esas lágrimas, jamás te harán derramar una sola.

Meta: Procura rodearte de gente que te consuele y te ayude en los momentos difíciles.

6 de noviembre

Debemos lamentarnos de nuestros errores y aprender de ellos, pero no llevarlos a cuesta toda la vida.

—L. M. MONTGOMERY

Sabemos que ninguno de nosotros es perfecto, pero saberlo no nos impide hacer cosas de las cuales tenemos que arrepentirnos luego. En tales casos resulta preferible ser honestos y reconocer nuestros errores. La gente es mucho más tolerante y comprensiva cuando eres sincera, ya que puede identificarse contigo. Incluso los inspirarás a seguir tu ejemplo, al mostrarles lo sincera y hermosa que puedes ser aun sin ser perfecta.

Meta: Piensa hoy en algo desagradable que dijiste o hiciste el mes pasado y de lo cual te arrepientes.

7 de noviembre

Sinceramente, ¿has sido honesta contigo alguna vez?

—TERMINAL, "DARK"

En la vida muchas veces tenemos que volver a evaluar dónde estamos y lo que sentimos. Recuerdo que una vez escuché la letra de esa canción y pensé: "¡Ajá!, ¿estoy siendo yo misma en este momento, o simplemente trato de ajustarme a las normas de la sociedad? Siempre es bueno recordar que debes ser fiel a lo que realmente eres.

Meta: Descúbrete a ti misma y no comprometas tus valores.

8 de noviembre

Sueño mi pintura y luego pinto mi sueño.

——VINCENT VAN GOGH

Tus sueños son regalos increíbles. Toda mi vida he soñado con ser artista. Quería cantar, bailar y actuar. Esos sueños me permitieron ir tras lo que realmente quería. Ahora que lo he logrado, me siento agradecida de hasta donde he llegado.

Meta: Lucha por lograr tus objetivos. Solo tú puedes hacer realidad tus sueños.

9 de noviembre

Todos necesitamos alguien a quien admirar.

¿Dónde estoy ahora? Sigo teniendo mis altibajos, pero trato de vivir un día a la vez. Solo espero llegar a ser lo mejor que pueda ser, no solo por mí, sino también por los demás. Todos necesitamos buenas influencias en nuestras vidas y es también importante rodearnos de ellas.

Meta: ¿Quién te admira? Asegúrate de ser una buena influencia y ayuda a otros a progresar.

10 de noviembre

Acepta que vivir el presente, con tus aspiraciones de hoy, es lo mejor, lo más elevado que puedes hacer.

—DEEPAK CHOPRA

Lo único que podemos hacer es tomar las cosas un día, un momento, a la vez. Obsesionarnos pensando hasta donde hemos llegado o lo que nos falta por recorrer, nos aparta del camino. El presente es lo único que tenemos; para reafirmar tu existencia en este planeta debes arraigarte con fuerza al momento presente.

Meta: Borra de tu mente el pasado y el futuro. Vive el momento.

11 de noviembre

Cuando te decides a disfrutar
del proceso, tu felicidad ya
no depende del resultado.

—YEHUDA BERG

Si te dedicas de corazón a obtener un resultado específico, no te obsesiones con ello. Los resultados pueden ser diferentes a lo que habías esperado o soñado. Tómate tiempo para saborear y disfrutar el proceso, y confía en que lo demás pasará cuando tenga que pasar.

Meta: Recuerda algún momento en el pasado cuando el proceso de conseguir algo fue mejor que el logro en sí.

Sea cual sea tu profesión o tu pasión, practica la disciplina.

Para ser bueno en algo, no basta con que te guste hacerlo. Tienes que practicar a diario. Antes de actuar, ir de gira o grabar en el estudio, practico cantando y tocando mi música. Si me limitara a presentarme el día señalado, sin antes prepararme, mi actuación no estaría a la altura de lo que yo me exijo.

Meta: Dedica tiempo a lo que te apasiona. Haz todo lo preciso para impulsarte hacia tus metas.

13 de noviembre

Cuando llegues al final de la cuerda,
ata un nudo y agárrate con fuerza.

——FRANKLIN D. ROOSEVELT

Cuando pienses que ya no hay nada más que hacer, sé fuerte.
Con el tiempo se te presentará otra oportunidad y sabrás qué
hacer. No te des nunca por vencida.

Meta: Ten fe en el mañana, aunque ignores lo que pueda
traerte.

Deja que tu conciencia sea tu guía.

—*Pinocho*

La conciencia es un sentimiento o una voz interior que actúa como guía para la conducta. A lo largo de los años hemos recibido muchas lecciones de nuestros padres, maestros, amigos y colegas. Al final solo contamos con esas lecciones y con nuestro instinto para saber lo que es bueno y lo que es malo.

Meta: Aclara tu mente y tu conciencia enmendando tus errores, aunque sean insignificantes.

15 de noviembre

La vida es más entretenida si pensamos
en ella como si fuese un juego.

—ROALD DAHL

Realmente creo que estamos en este mundo para disfrutar del tiempo que tenemos. La vida es preciosa, así que no pierdas el tiempo en cosas pequeñas que no tienen importancia. Vive el momento y diviértete a tu manera.

Meta: Disfruta del tiempo libre con familiares y amigos. Regocíjate y atesora los recuerdos.

16 de noviembre

"No" es una frase completa.

—ANÓNIMO

Está bien decir "no". Solo tú en este mundo conoces tus límites: si algo te parece o te sienta mal, escucha tu voz. Es suficiente con que digas sí o no, no tienes por qué dar explicaciones. La gente que te rodea, lo entenderá.

Meta: No tengas miedo de decir que no. No estás obligada a dar ninguna respuesta o explicación que no quieras dar.

17 de noviembre

No todos los que andan sin rumbo fijo se pierden.

—J. R. R. TOLKIEN

Cualquier camino que tomes te llevará a tu destino. Si ese destino es un camino sin salida o un camino que te lleva hasta encontrar la luz al final del túnel, ten por seguro que no te has perdido, simplemente estás en un trayecto de aprendizaje.

Meta: No te preocupes si el camino por donde vas no está bien señalado. No quiere decir que vas a la deriva, sino que buscas un camino diferente.

18 de noviembre

Es posible tener amigas, o al menos
chicas que se comporten como tales; pero
recuerda, unas vienen y otras se van. Las
que se quedan contigo, pase lo que pase,
son las verdaderas. No las dejes ir.

—MARILYN MONROE

Las chicas pueden ser muy duras entre sí. Yo misma sufrí el
terrible acoso de unas cuantas. Ahora sé lo que debo buscar en
mis amigas y sé también cuándo apartarme de ellas. Cuando
estoy deprimida o tengo un mal día, o simplemente necesito un
hombro donde llorar, siempre puedo contar con mis verdaderas
amigas.

Meta: Haz una lista de tus mejores amigas y llámalas para
decirles lo mucho que su amistad, apoyo y amor significan para ti.

19 de noviembre

Agradece lo que tienes; acabarás teniendo más. Si solo piensas en lo que no tienes, nunca, jamás, tendrás lo suficiente.

—OPRAH WINFREY

Cuando nos conformamos con lo que tenemos, nos convertimos al instante en personas más felices. Se dice que la gratitud es la emoción más relacionada con la felicidad. Incluso la persona más rica del mundo puede desear cosas que no tiene. No se trata de acumular riquezas, sino de disfrutar de la alegría y de la belleza que hay en tu vida.

Meta: No midas tu felicidad en relación a tus bienes materiales, sino en función del amor que das y recibes.

20 de noviembre

El peor enemigo de un lenguaje
claro es la falta de sinceridad.

—GEORGE ORWELL

No resisto a los que fingen preocupación por otros. La gente siempre se da cuenta cuando no eres sincera y si tú no lo eres contigo misma, a la única que engañas es a ti misma.

Meta: Di lo que verdaderamente sientes, con amabilidad.

21 de noviembre

La realización espiritual es ver claramente
que lo que percibo, experimento, pienso o
siento no es, en última instancia, lo que soy,
porque no puedo encontrarme a mí mismo
en todas esas cosas que pasan sin cesar.

——ECKHART TOLLE

Lo que no podemos expresar es lo que tiene mayor significado; lo que no podemos captar es lo más verdadero. Hay algo de belleza y de humildad cuando no podemos encontrar las palabras adecuadas para expresar algo muy profundo. No siempre tenemos que encontrar las palabras apropiadas.

Meta: Confía en tu capacidad de sentir y agradece tener la sensibilidad necesaria para poder apreciar cosas que no siempre puedes verbalizar.

Si bendigo a otra persona, me siento más bendecida.

—MARIANNE WILLIAMSON

Cada vez que sientas lástima o antipatía por ti misma, haz algo por los demás, para que te quites ese pensamiento de la cabeza. Cuando somos niños, no hay mayor placer que abrir los regalos de Navidad o de cumpleaños. Pero cuando te haces mayor te das cuenta de que el mejor regalo es poner una sonrisa en el rostro de otra persona.

Meta: Transmite la felicidad dando a los demás.

¿No ves acaso cuán necesario es
el dolor para educar la inteligencia
y transformarla en alma?

—— JOHN KEATS

Estamos aquí en la Tierra para experimentar todas las emociones habidas y por haber. Esto nos da fuerza, coraje y carácter, da forma a lo que somos hoy y a la persona que seremos en el futuro.

Meta: Habla con personas que admires y pregúntales qué experiencias contribuyeron a transformar sus vidas.

24 de noviembre

Aprecia tus visiones y tus sueños,
porque son los hijos de tu alma,
los planos de tus logros finales.

—NAPOLEÓN HILL

Desde niña supe que quería cantar y actuar. Lo que sé ahora que no comprendí entonces es que las visiones y los sueños que empecé a tener a una edad tan temprana allanaron el camino no solo para mi éxito sino, lo que es más importante, para mi felicidad. Me alegro enormemente de haber hecho caso a esos sentimientos, sueños y visiones a tan temprana edad.

Meta: No importa la edad que tengas, nunca es demasiado tarde para vivir la vida que siempre deseaste.

25 de noviembre

No soy valiente. Con frecuencia me asusto, pero he aprendido a canalizar esta emoción hasta lograr hacerme más fuerte.

—BEAR GRYLLS

El miedo solo me ha servido para frenarme. Quiero lograr muchas cosas en mi vida. Para mí y para el mundo. El miedo es inútil, un simple estorbo en el camino.

Meta: Vence el miedo y confronta una de tus fobias.

26 de noviembre

No creo que nadie pueda darte consejos para un corazón roto.

—BRITNEY SPEARS

Si tu corazón está roto, solo el tiempo y el espacio puede hacer que te sientas mejor, no importa lo que puedan decirte. Sería más duro pasar por ello sin el cariño de la familia y nuestros amigos, pero nadie puede hacer nada para curarte. Hay una diferencia entre sentirse apoyada y sentir que alguien trata de componer tu corazón. Cuando tu corazón o el de alguna amiga esté roto, recuerda que lo más importante es dejar que el dolor siga su curso.

Meta: Ofrece un hombro sobre el que llorar a un familiar o un amigo.

27 de noviembre

La amabilidad es el lenguaje que los sordos oyen y los ciegos ven.

—MARK TWAIN

La amabilidad trasciende los límites del lenguaje, de la enfermedad o de la discapacidad. Es un don humano universal que todos deberíamos dar y recibir, así que no lo desperdicies.

Meta: Sé amable hoy con un desconocido.

La vida es demasiado corta para no estar agradecidos por cada momento que vivimos. Hoy tengo mucho que agradecer.

A veces es fácil centrarte en lo que no tenemos, pero es importante recordar que debes agradecer lo que sí tienes. Cuando te centras en las cosas bellas de la vida, las atraes en abundancia y conectas con las muchas bendiciones de tu existencia. A veces, cuando me despierto o al acostarme, hago una lista de todo lo que debo agradecer, y antes de darme cuenta he escrito páginas enteras y estoy sonriente y radiante de felicidad.

Meta: Dona algo a una organización benéfica o usa tu tiempo este mes para ayudar a otros menos afortunados que tú.

29 de noviembre

Todo el mundo ha sido creado
para algún tipo de trabajo y lleva en el
corazón el deseo de realizarlo.

—RUMI

Todos nos sentimos perdidos en un momento u otro. A veces, con el fin de saber hacia dónde queremos ir, necesitamos sentirnos un poco perdidos. No importa lo que sientes, recuerda que todos y cada uno de nosotros estamos aquí con un propósito y una pasión. Nuestra única tarea es averiguar cuál es el propósito y realizarlo. Si aún no lo has descubierto, no te preocupes. Confía en que el universo te lo mostrará cuando estés lista. Mientras tanto, permanece atenta y agradece todo lo que se te presente en tu camino.

Meta: Tómate tu tiempo para vagar cuando te sientas perdida. Tarde o temprano descubrirás qué dirección tomar.

30 de noviembre

El amor es más fuerte que la presión de ser perfecta.

No te preocupes por ser perfecta. Dedica tu tiempo y tu energía a asegurarte de que das y recibes amor a la vez. Nadie te recordará por tus imperfecciones, sino por tu bondad, tu buen humor y tu compasión.

Meta: No trates de ser perfecta, y comienza a amar más.

Diciembre

1 de diciembre

¿Cómo se hizo tan tarde tan pronto? Es de noche sin que haya atardecido. Es diciembre sin que pasara junio. ¡Dios mío, cómo ha volado el tiempo! ¿Cómo se hizo tan tarde tan pronto?

—DR. SEUSS

No deja de sorprenderme la rapidez con la que pasa el tiempo. Cuanto mayor te haces, más corre. Cuando eres niño, cada día parece una eternidad. Me hace pensar que debemos gozar de cada momento, ya sea grande o pequeño, y de apreciar a cada persona que entra en nuestras vidas.

Meta: No dejes que el día de hoy se acabe sin hacer algo por ti o para otro.

Solo queda por escribir una página. La llenaré con palabras cortas. Amo. Amé. Amaré.

—*El castillo soñado*

No tienes que ser una niña de diez años para escribir un diario de tu vida. Llevar un registro de las cosas que te ocurren y de los sentimientos que suscitan en ti es increíblemente profundo. No solo te ayuda a comprender lo que sucede a tu alrededor, sino que es un maravilloso testimonio que podrás releer al cabo del tiempo. Siempre pensamos que recordaremos perfectamente los momentos trascendentales de nuestra vida, pero la memoria es débil. Piensa en el maravilloso tesoro que será su lectura en los años venideros.

Meta: Empieza un diario sobre tu vida y tus sentimientos.

3 de diciembre

Ignoras lo fuerte que eres hasta que la única opción que te queda es ser fuerte.

—DESCONOCIDO

Cuando la vida nos pone a prueba es cuando tenemos la ocasión de estar a la altura de las circunstancias. Cuando esto ocurra, asume el reto y tu carácter se fortalecerá.

Meta: No te subestimes frente a una situación difícil. Siéntete orgullosa de tu fortaleza.

Lo que me pase puede cambiarme, pero me niego a dejar que me empequeñezca.

—MAYA ANGELOU

Cada experiencia que atravesamos nos enseña, nos hace más humildes y nos ayuda a crecer. Sin embargo, ninguna experiencia, ni ninguna persona, deben acomplejarnos. Lo que te ocurra en la vida te cambiará, pero no dejes que te hunda. Si alguna vez una persona te hace sentir inferior, porque estás en el proceso de aprender y madurar, no le des importancia, es solo un reflejo de su propia insatisfacción.

Meta: No permitas que nadie te haga sentir mal.

Los ojos son la ventana del alma.

—WILLIAM SHAKESPEARE

Otra de las cosas que no resisto es cuando la gente te habla sin mirarte a los ojos. Todos tenemos poder si hablamos con el corazón, pero si al hablar no miramos a los ojos, no conectamos. Es precisamente mirando a los ojos, y no a través de sus palabras, que nos damos cuenta de cómo se siente una persona. El lenguaje corporal es también muy importante. Asegúrate de cómo te proyectas.

Meta: Hables con quien hables, mira siempre a los ojos. Tu interlocutor te respetará más y tú te respetarás más a ti misma.

Si atraviesas el infierno,
no te detengas, sigue caminando.

—WINSTON CHURCHILL

Todo el mundo tiene derecho a tener un mal día; no lo tomes como algo personal. Ni toda la sabiduría del mundo te librará de sentirte malhumorada de cuando en cuando. Si alguien está de mal humor y te lo demuestra, no es tu culpa. Deja que se le pase. Todos tenemos días malos. Tómate un descanso y relájate. Ya pasará.

Meta: Si tienes un mal día, desconecta y relájate. Tómate un tiempo para ti.

7 de diciembre

Ni soy perfecta ni tengo por qué serlo.

Cuando me di cuenta de esto, sentí un gran alivio y me permitió convertirme en una persona mejor. Me dio fuerzas para aceptar mis defectos y aprender de mis errores. La presión se desvaneció. No habría sido capaz de aceptar mis errores si me sentía obligada a ser perfecta. Cuando entendí que no es necesario ser perfecta, me sentí mejor.

Meta: No te critiques por cometer errores; basta con ser consciente de ellos para que no cometas el mismo error por segunda vez.

8 de diciembre

Pinto autorretratos porque a menudo
me siento sola, y porque soy la persona
que mejor conozco.

—FRIDA KAHLO

Lo único que podemos hacer es ser auténticos con quienes realmente somos, en honor a lo más profundo y más verdadero de nosotros mismos. Ha habido momentos en que lo único que me consolaba era la música. Saber que podía sentarme sola en mi habitación y componer una canción para expresar lo que sentía, me consolaba. Me ayudó a apreciar mi soledad. Los animo a todos a que busquen eso que aman y lo cultiven.

Meta: Deja que lo que amas se convierta en tu protector y amigo.

9 de diciembre

Ahora soy un guerrero. Tengo la piel más dura. Soy un guerrero, más fuerte de lo que nunca he sido. Y mi armadura es de acero infranqueable. Soy un guerrero; nunca podrás volver a lastimarme.

Cuando escribí la letra de esta canción pensaba en una cosa concreta, pero se puede aplicar a cualquier persona que haya pasado por algo doloroso. Esta canción y su mensaje es muy importante para mí, porque conozco a muchas personas que han sufrido multitud de traumas y se sienten avergonzadas o temerosas de valerse por sí mismas. Escribí esta canción para inspirar a las personas de todas las edades y dejarles saber que no están solas y que pueden pedir ayuda.

Cualquier situación difícil por la que atravieses, *mejorará*.

Meta: Todos tenemos nuestras cicatrices de guerra. La única manera de protegerte es demostrando tu fuerza, defendiéndote y amándote a ti misma.

10 de diciembre

Entiende que, así como es complicado simplificar las cosas, resulta sencillo complicarlas.

Parece que lo normal es analizar y complicar demasiado las cosas. A menudo llevamos vidas complejas, donde las soluciones parecen estar fuera de tu alcance. Dicen que la respuesta más sencilla suele ser la correcta, así que cuando me siento agobiada, pienso en esta profunda noción de simplicidad. En caso de duda, simplifica el desorden de tu mente.

Meta: Imagina que tu problema es un nudo intrincado y visualízate desatándolo.

11 de diciembre

Juzgar a una persona no la define a ella, defina quién eres tú.

—DESCONOCIDO

He pasado por muchas cosas y he hecho otras tantas por las que sería fácil juzgarme. Yo nunca quisiera juzgar a nadie por el camino que deciden tomar; no me corresponde criticar el viaje de otra persona, ni a nadie criticar el mío.

Meta: No juzgues a los demás. Piensa en cómo te gustaría que te trataran.

12 de diciembre

Aquí no hay desconocidos,
solo amigos que aún no conoces.

—W. B. YEATS

Vivimos en una comunidad global, que se expande más y más cada día, con los rápidos avances de los medios sociales. Me parece increíble ver los mensajes alentadores en Twitter y Facebook de mis fans de todo el mundo y darme cuenta de que tengo amigos y seguidores dondequiera que vaya. Lo sorprendente es que esto se aplica para todos nosotros. Cuando empezamos a ver el mundo como un lugar agradable que nos estimula y nos apoya, el universo se abre para nosotros y las posibilidades son infinitas.

Meta: Trata de hacer nuevos amigos hoy.

13 de diciembre

Si las cosas fueran fáciles de encontrar, no merecería la pena buscarlas.

—Tan fuerte, tan cerca

Sé que soy dichosa por haber sabido siempre lo que quería hacer con mi vida. Pero conozco a muchas personas que todavía no lo han podido averiguar. Si permaneces abierta y persigues tus sueños, aunque no estén muy definidos todavía, acabarás encontrando la respuesta dentro de ti.

Meta: ¿Haces lo que siempre has querido hacer? Si no lo estás haciendo ya, no pierdas tiempo, ponte en marcha ahora mismo.

Perdona siempre a tus enemigos, nada les molesta más.

—OSCAR WILDE

Perdonar es difícil, especialmente cuando alguien te ha herido de verdad. Pero cuando perdonas a alguien, tú sales ganando. Cuando te obsesionas pensando en lo que alguien te ha hecho, se convierte en algo tóxico, especialmente porque esa persona posiblemente ya lo ha olvidado: desármalos con amabilidad. Cuando sufría acoso, mi madre me decía: da la otra cara. Cuando llegué a comprender el significado de esta frase, me ayudó a olvidar mi resentimiento.

Meta: Perdona a alguna persona que te ha herido y anula tu resentimiento.

15 de diciembre

La paciencia es amarga, pero su fruto es dulce.

—JEAN-JACQUES ROUSSEAU

Ser paciente resulta difícil, ya se trate de personas o de algo que llevas mucho tiempo esperando. A veces hay que esperar años o incluso más antes de lograr tus metas. Confía en que las cosas vendrán a su debido tiempo y convéncete de que la paciencia es un don que te traerá beneficios que ni siquiera te puedes imaginar.

Meta: Sé paciente con quienes te rodean, con tus sueños y sobre todo, contigo misma.

La violencia solo conduce a más violencia.
Todos debemos ser guerreros pacíficos.

La violencia engendra un círculo vicioso. Es mucho más fácil combatir el fuego con fuego, pero se corre un riesgo inútil. Se necesita más energía, reflexión, creatividad y coraje para dialogar con alguien que no está de acuerdo contigo. Sin embargo, es posible encontrar la tolerancia y el respeto aun cuando no se está de acuerdo. Todos tenemos que estar dispuestos a comunicarnos y respetarnos, incluso cuando estamos en desacuerdo.

Meta: Resístete a la violencia y exige respeto y comunicación abierta. Estate dispuesta a ver algo de una manera diferente y ver el punto de vista de otra persona.

17 de diciembre

No te castigarán por tu ira, será tu ira quien te castigue a ti.

—BUDA

La ira y el resentimiento son dos de las emociones más tóxicas que podemos sentir. A veces, las personas nos enfurecen o hieren nuestros sentimientos, pero no los enfrentamos. En vez de eso, dejamos que esos sentimientos negativos crezcan en nosotros. Antes de darnos cuenta, se apoderan de nuestro cuerpo como enredaderas que trepan por las células y los órganos. No debemos permitir que los problemas de esas personas nos afecten a nosotros.

Meta: Cuando alguien hace algo que te molesta, no le guardes rencor; házselo saber y no le des más importancia.

18 de diciembre

Tómame de la mano, lleguemos a un compromiso.

—THE FORMAT, "THE COMPROMISE"

Las relaciones involucran a dos personas, lo que significa que solo tus opiniones e ideas no bastan para que una relación funcione. Hay que dejar espacio a la otra parte para que se exprese. Esto no significa estar de acuerdo en todo. Pero si no pueden encontrar la manera de ponerse de acuerdo y de llegar a un compromiso, acabarás sola.

Meta: Trabaja con amigos, familiares o compañeros de trabajo para llegar a un arreglo cuando se presenten obstáculos.

19 de diciembre

Haz lo que puedas, con lo que tienes, dondequiera que estés.

—THEODORE ROOSEVELT

Todos merecemos respeto y sentirnos seguros de nuestra postura. Pero tengo muchas amigas que salen con chicos que no las tratan como se merecen. Les hacen promesas que no pueden cumplir y no son honestos respecto a sus verdaderas intenciones. Una amiga mía salió con un chico durante más de un mes, y desde el principio ella le dijo que realmente le gustaba y que quería una relación estable. Sin embargo, él nunca se comprometió a nada, pero jugaba con los sentimientos de ella. Ella pensaba que si permanecían más tiempo juntos, lograría hacerle cambiar y él llegaría a amarla también. Por supuesto tal cosa no ocurrió. Él mostró su verdadera cara desde un principio, pero ella, esperanzada, ignoró las señales.

Meta: Cuando alguien no quiere o no puede comprometerse, no lo fuerces. Acéptalo o sepárate.

20 de diciembre

Déjalo estar y deja que se ocupe Dios.

—ANÓNIMO

Cuando luchas contra algo más grande que tú y todo lo demás falla, tienes que estar dispuesta a poner tus problemas en manos de algo más poderoso. Lo llamemos Dios, Alá o universo, todos llevamos un poder superior dentro de nosotros. Simplemente aceptar que no puedes controlarlo todo en esta vida es liberador y puede conducir a cosas poderosas.

Meta: Piensa en algo que llevas a cuesta, respira profundamente y entrégaselo a tu poder superior.

El teléfono no tiene la respuesta a tu felicidad . . . la tienes tú.

Pasamos tanto tiempo con el celular en la mano que parece que lo tenemos pegado con goma a nuestro cuerpo. No lo critico, porque a menudo yo también hago lo mismo, aunque últimamente me resisto a contestar el teléfono. Me he dado cuenta de que lo uso como una distracción para ignorar mis sentimientos en lugar de aceptarlos.

Meta: No utilices hoy el celular. Cuando desees mirar fotos o mensajes de texto viejos, respira hondo, mira en torno y busca algo digno de admiración.

22 de diciembre

La prórroga es como una tarjeta de crédito:
muy divertida hasta que llega la factura.

—CHRISTOPHER PARKER

Todo el mundo sabe que no se deben posponer las cosas, pero todos lo hacemos de vez en cuando. Cuantas más cosas dejes para mañana, más se te acumularán y más te estresarás.

Meta: Administra y prioriza tu tiempo y tus tareas.

23 de diciembre

La fe sin dudas no existe.

—DESCONOCIDO

Oí a mi pastor decir esto en un sermón y me conmovió la belleza del mensaje. Cada uno de nosotros tiene momentos de duda cuando nos preguntamos por qué estamos aquí y si estamos haciendo lo correcto. Está bien cuestionar tu viaje, ya que significa que te preocupas y te importa. Si no existieran las dudas, no habría nada en lo que creer.

Meta: Reconoce tus dudas y reflexiona sobre tus motivos para dudar.

24 de diciembre

Piensa en abundancia y recibirás abundancia.

Permítete pensar en todas y cada una de las cosas que quieres de la vida. Si se te ocurre algo que te parece excesivo o imposible de conseguir, deséchalo de inmediato.

Meta: Haz una lista de tus deseos, resoluciones y expectativas para el próximo año.

25 de diciembre

La familia nos da fuerzas y forma nuestro carácter.

Sin el amor, la fe, y el apoyo de mi familia, no hubiera podido sobrellevar todo por lo que he pasado en la vida. Solo estar cerca de ellos me da alegría y me hace olvidar todos los problemas y temores. Ellos me aceptan tal como soy, y yo a ellos igual.

Meta: Llénate hoy del amor de tu familia. Ámalos por todo lo que son y no son.

26 de diciembre

No importa lo lento que vayas,
siempre que no te detengas.

—CONFUCIO

La velocidad es relativa. Algunos se mueven con rapidez y otros con lentitud. Eso no significa que vayas a conseguir más logros por avanzar de una forma u otra, lo único que importa es seguir adelante. Siempre.

Meta: Vete hoy más despacio, desde el momento en que abras los ojos hasta el momento en que los cierres, y en todos los momentos intermedios.

Sé fuerte.

Cada uno de nosotros lucha contra algo en esta vida. Sé que esté donde esté obedezco a un propósito superior: uso mi voz para inspirar a otros, para ayudarlos a superar sus problemas y para ayudarlos a levantar su espíritu si están decaídos. Soy capaz de vivir cada día gracias a mis fans, que me estimulan a seguir adelante y me animan a ser fuerte.

Meta: Sé fuerte por ti misma y, si puedes, hazlo por el bien de alguna otra persona también.

28 de diciembre

Si los problemas te superan, busca ayuda.

A veces nos sentimos abrumados e incluso avergonzados por nuestros problemas. Antes de comenzar el tratamiento para la bulimia y los cortes, me escondía de todos, incluso de mi misma. Tenía miedo de pedir ayuda y me sentía tan profundamente avergonzada de lo que hacía, que pensé que nunca saldría de esta situación. Si tú o alguna otra persona que conoces sufren algún problema, es importante pedir ayuda. Puedes salvar tu vida o la vida de un ser querido.

Meta: No te escondas ni de ti, ni de otros. Busca ayuda.

Lo bueno de la lluvia es que siempre escampa. Eventualmente.

—EEYORE

Los tiempos difíciles son inevitables. Aparecen cuando menos te lo esperas, cuando no estás preparada. Pero es importante consolarse sabiendo que no durarán para siempre.

Meta: A medida que avanzas, recuerda que cada desafío que se presenta acaba por fortalecerte.

Cuando se pierde la risa,
se pierde el equilibrio.

—KEN KESEY

Habrá momentos en que te tambalearás a cada paso. Tristeza, depresión, rupturas y mucho más. Entonces es importante conservar el sentido del humor. Ríete si no quieres que todo lo malo te controle. La risa te ayudará a ver la luz en tiempos oscuros. Su poder es más grande de lo que te puedas imaginar.

Meta: Incluso en tus momentos más bajos, mantén el sentido del humor y utilízalo para ayudarte.

31 de diciembre

Y ahora demos la bienvenida al nuevo año, lleno de cosas que no han sido.

—RAINER MARIA RILKE

Dedica algún tiempo a examinar a fondo el año transcurrido. Piensa en cómo has crecido, cómo has cambiado, lo que te gustaría hacer y lo que te gustaría cambiar. Me he dado cuenta de que los últimos días del año están cargados de energía y llenos de posibilidades para realizar cambios. Lo mejor que puedes hacer es sentarte y reflexionar sobre esto.

Meta: Haz una lista de todo lo que has logrado este año.

Agradecimientos

Gracias a todos en CAST Recovery, Philymack, Inc., Derris and Company, Macmillan, CAA, Hertz, Lichtenstein & Young, el grupo Nordlinger ¡y al resto de mi equipo! Mi agradecimiento especial para Anna Roberto, Jean Feiwel y Rachael Fleisher. Todo mi cariño y agradecimiento a mis increíbles amigos y a mi maravillosa familia por su apoyo incondicional: ¡no hace falta mencionar sus nombres, ustedes lo saben!

Fuentes

Hay muchas organizaciones y centros de tratamiento médico donde acudir en busca de ayuda o de apoyo, pero recomiendo muy especialmente estas dos:

The Meadows Treatment Center en Wickenburg, Arizona, ofrece uno de los mejores programas de todo el país, para tratamientos de adicciones y traumas psicológicos, a través del Modelo Meadows, la práctica de los 12 pasos y la curación holística de mente, cuerpo y alma. www.themeadows.com

CAST Recovery ofrece diversos servicios, tratamientos y terapias. Demi Lovato se ha asociado con esta organización y ha creado una beca para sufragar los gastos del tratamiento de cualquiera que sufra adicciones u otros problemas de salud mental, The Lovato Treatment Scholarship. www.castrecovery.com